W0066576

Die Farben der Seele

alternatives Lyrikjahrbuch

2023 – 2024

sonne & mond

Hrsg: Manfred Stangl

www.sonneundmond.at

Die Farben der Seele
alternatives Lyrikjahrbuch
2o23 – 2o24
Hrsg: Manfred Stangl

Impressum:

editon sonne und mond
Wien, 2o24
ISBN: ISBN: 978-3-903492-07-3
www.sonneundmond.at
www.pappelblatt.com

Herausgeber: Manfred Stangl
Coverbild: Bindu von N. Udayakumar, BINDU-ART-SCHOOL©
Lektorat: Manfred Stangl
Satz: Mathias Hentz
Druck: bookpress.eu

Gefördert durch Kultur Wien, Bundeskanzleramt

BUNDESKANZLERAMT ÖSTERREICH
KUNST

Der Mais, das Gras, die Düfte der Nacht,
und mit ihnen die Sterne und der Mond –
wir tun, was immer wir vermögen,
um dich am Leben zu halten.

*(aus dem Gedicht von Thich Nhat Hanh
der Struktur der Soheit)*

Vorwort

Warum das Wort „Seele" den Titel dieses alternativen Lyrikjahrbuchs beschwingt, ziert vorangegangenen Anthologien hinreichend erläutert. Nur so viel: Eine Zeit, die ihre Kinder in den sozialen Netzwerken sich verfangen lässt und damit der sozialen Verwahrlosung preisgibt, weil sie nur um den Glanz des eigenen Images sich schert, wird zunehmend seelenlose Wesen produzieren. Selbst die meisten der jungen Literaten und Literatinnen können mit jenem Begriff nichts anfangen, höhlen ja die Gesellschaft gar gründlicher aus im Anwenden (post-)moderner Stilmittel, die neben der Sprache auch Welt zerreißen, Negativ-Kitsch evozieren oder experimentell die natürlichen Grenzen des Lebens gleich mit zerstören. Die Formensprache der klassischen Moderne war wohlbegründet, galt es doch das Korsett bürgerliche Doppelmoral aufzusprengen und die Scheinharmonien klerikal-feudaler Welten zu zertrümmern. Der Tausendste Aufguss des Gebräus aus sprachpubertierendem Gestammel, Jammerei oder narzisstischer Spielsucht schmeckt heute ziemlich schal. Die Farben der Seele leuchten utopisch, wo tagtäglich an den 50 Schattierungen des Graus herumpoliert wird. Die Seelenfarben (wie sie schon Wassily Kandinsky beschrieb, der aber bereits vom nachfolgenden Suprematismus falsch ausgelegt wurde) weisen Pfade über die Destruktion der Industrialisierung und der biophoben Megalomanie hinaus. Ein Beispiel: Der Begriff „Schönheit" wird von Kunst und Literatur meist als plastikglattes Oberflächendesign abgetan (wenn sie sich mittlerweile nicht diesem gar verschrieben haben), und durch Antiästhetiken, Theater der Grausamkeit, Ästhetik des Hässlichen und des Unsinns unterspült. Die Crux: In echter Schönheit pulst Seele, doch kann diese nur erkannt werden, wenn das Sakral-Chakra geöffnet ist. Es sieht bzw. begreift Schönheit also nur, wer das orange Haus bereits (wenigstens im Vorraum) betrat. Diese Anthologie soll kein Religionsbuch sein. (Religionsersatz bieten die Mainstreamschreiber an, wenn sie sich als Söldner der Wissenschaftsglaubensreconquista verdingen.) Nicht geht es darum, den reichen Schatz der beteiligten Autorinnen und Autoren zu schmälern, indem man diese für eine geistige Strömung vereinnahmt. Uns eint, dass alle der seelenlosen Zeit etwas entgegenzuschreiben und -fühlen haben. Etwas Lebendiges, Buntes, Hoffnungsreiches. Somit schwingt schon etwas Spirituelles in diesem Buch mit.

Die Zuordnung zu den Seelenfarbenkapiteln erfolgte rein intuitiv, akribisch spontan sozusagen.

Das Indigo wurde nicht „thematisiert". Über das violette bzw. weiß/ goldene Kronenchakra lässt sich wenig schreiben, verlöschen ja in ihm sämtliche Wörter, alle Unterscheidungen, da nur allumfassende Liebe bleibt. Wo Atman in Brahman eingeht, bzw. sich als dieses erfährt, verstummt jegliches Unterscheiden. Nur Liebe bleibt, die tausendmal stärker strahlt, als eine Mutter ihr Kind lieben kann oder der verzückteste Liebhaber seine Angebetete.

Dass die Chakren Brücken in die Unendlichkeit darstellen, ist hinlänglich bekannt. Ohne wenigstens im Grün beheimatet zu sein, kann andauernder Friede weder im Inneren noch im Äußeren gehalten werden. Das bitte als zentrales politisches Statement von mir zu verstehen. Letztlich muss ein jeder selbst seinen Weg finden und auch beschreiten. Wer ahnt, dass die Seele keine romantische Dummheit vorstellt, sondern die Essenz des Menschen, in der bei Geburt der Körper einfließt (in das Muster der Neigungen aus den Vorleben sich ergießend und selbst körperliche Verletzungen mitausbildend) erkennt eine mögliche spirituelle Spur.

Deutlich sichtbar werden in den Gedichten Formen weiblicher Spiritualität, die eine Hinwendung zu einem stark weiblich assoziierten Gottesbild anzeigen. Dementsprechend dürfen wir gar von der Entstehung einer feministischen Spiritualität sprechen.

Mehr über Spiritualität möchte ich hier nicht sinnieren, gilt man sonst bei politisch korrekten Atheisten und modernen Zeitgenossen schnell als verrückt und zudem auch dumm, was ihnen die Möglichkeit eröffnet, zu ihrer generellen Ahnungslosigkeit gleich weitere Ignoranz auszubilden, statt sich auf das unbekannte Terrain zu wagen und allenfalls sich zum Positiven, zum echten Glück hin, zu verändern.

Schließich bleibt mir als Herausgeber im Namen der Leserschaft mich bei den Lyrikerinnen und Lyrikern des Jahrbuchs für den von Ausgabe zu Ausgabe zunehmenden Schatz zu bedanken.

Manfred Stangl im Februar 2024

Tor, Chritian Pauli, 2024

Schwarz

Noah (* & † in biblischen Zeiten) Tierpatron

herr Noah war schiffskonstrukteur & tierpatron
wie hat er die tiere auf seiner arche ernährt?
heu & gras für vegetarisches getier
woher kam das fleisch für raubtiere?
gab es dafür lebendfutter?
ratten hunde meerschweinchen
hat er womöglich anti-lopen geopfert?
unterschieden hat er zwischen hasen & kaninchen
indischen & afrikanischen elefanten
gorillas schimpansen bonobos
von viren und bakterien genügte ein exemplar
er ist verantwortlich für die erhaltung von
malaria-mücken & zecken
spulwürmern läusen wanzen
pest & cholera typhus kinderlähmung diphtherie
ebola hepatitis HIV syphilis SARS
man muss Noah verklagen & zur rechenschaft ziehen!
gewiss wird sich eine US-amerikanische kanzlei finden
die Noah den längst überfälligen strafprozess anhängt

Manfred Chobot

Schwarzes Gedicht

Schriebe ich mit der Feder,
schwarze Tinte strömte daraus,
brombeerfarbener Fluss vom Geschmack alten Mohns
voll Bitterkeit und Schärfe,

gleich schweren Ketten belagern Lettern das Blatt,
gestochen scharf von Maschinenhand,
gepresst mit metallenem Druck auf unschuldiges Weiß.

Taste oder Feder, schwarz bleibt der Tag.
Wen trifft geschriebener Groll,
Rebellion von Schwarz auf Weiß?
Trifft es schließlich die Falschen?

Mit endlosen Bildern behaftet wehrt sich die Farbe,
sanft, entschlossen, mit herbem Sinn,
singt unbeugsam dem Dunkel ein Lied –

Schwarz gilt für Trauer, doch auch Eleganz,
in warmem Schwarz ruht der Schoß der Erde
und der Beginn jedes einzelnen neuen Lebens.

Schwarz steht für nicht vorhandenes Licht, und doch
strahlt der Augen Herz, das uns Welten erschließt
voll Leben, Anschauungskraft und Poesie.

Wenn Widerstand und Aufruhr sich legen
bleiben Kraft und Mystik einer Farbe, die eigentlich
keine ist,
und doch ihren Bestand hat in der
bunten Vielfalt der Welt.

Ana Schoretits

Die Rose und das Unkraut

Das Unkraut träumt, ach die Rose, ihre Düfte, Farben,
ist das, was alle meinen? Und ich, die Rose, sage,
wer bemerkt das, wenn alle Augen
auf das Display starren.
Ausgedachte Namen muss ich tragen: Giraffenrose,
Rose in Ubux und diese Vergleiche
mit der Dose, gemein.
Dieses Unkraut: ewig grün und ungepflegt, wie
beneidenswert, ich muss immer schön sein, muss gut
riechen auch für die Verschnupften,
muss die Haut sauber
halten aber wie geht's, wenn Stadt &
Stall am Staub haften.
Den ganzen Garten beherrscht es, wird geduldet,
für mich nur bestimmte Beete, keinen Millimeter weiter.
Ihm fehlt nichts, mir fehlt die Geduld, wenn Schreie,
Hundebellen auf meinem Kopf landen. Und schaut,
nach dem Regenwind,
wie frisch seine Haut, schadenfroh
lacht es, weil ich, die Zarte bei Nässe zu nichts tauge.
Ewig wächst es nach, die Zeit einer Rose ist kurz
auch das Lob ist ein kurzes Wort.
Diese Nullpflanze kann schön leuchten, wenn sie die
Sonne liebkost, ein fröhlicher Löwenzahn guckt heraus,
unverschämt sein Flüstern, bin lieber bei dir als im
Rosarium. Mir reicht es.
Eine Wutrose werde ich, wehe, wenn einer mich nicht
bemerkt, 100 Dornen werfe ich ihm vor die Füße,
dann werden alle zu mir schauen, die Finger am Display
erstarren, es wird gerufen: wie lieblich ist sie,
ein Trost für Augen und Seele, das Unkraut wird
vor Eifersucht versinken in der Erde.

Irena Habalik

Fallstudie

Der freie Fall,
er fällt so kühn
und gleich schnell, ob in Rom, in Wien,
ohne Gefackel, ohne Visa,
ja selbst vom schiefen Turm von Pisa,
wär´ er so senkrecht wie ein Lot,
und wer ihn fiele,
wäre tot.
Da wendet grausig man
den Blick,
als schiefer Blick kehrt er zurück,
der trifft das tief gefall'ne Mädchen,
ob es nun Lola heißt, ob Gretchen,
der Fall wird brenzlig und verzwickt.
Es meidet der ihn, dem es glückt.

Brigitte Pixner

Ritter von der fröhlichen Gestalt

Ich habe gegen Windmühlen gekämpft – und verloren.
Ich schlitze der Straßenbahn die Reifen auf und
belagere Luftburgen.
Beim Treppensteigen verstauche ich mir die Zehen.
Wenn ich heiß duschen will, gerate ich in eiskaltes
Badewasser.
Selbst in der allergrößten Not verschmäht der Teufel
meine Fliegen.
Torten werden von meinem Gesicht magisch angezogen.
Ich laufe Zügen nach, die längst abgefahren sind.
Ich habe gegen Windmühlen gekämpft – und gesiegt!

Dietmar Koschier

Datoga Jäger, Gertraud Steiner

kalte sonne

über die kahlen grauen hügel
eilt rasch ein schauer über mich
eisharte kälte von den wolken
bleischwere blicke, klammes licht.

wank´ ich zwischen nackten rieden
ist die sehnsucht gar so fern
ach, wo sind sie all geblieben
flimmernde monde, liebesstern.

ja, es friert mich, ja es dünkt mich
einsam schweige ich den rand entlang
über so manch kargen kegel
Ist es ein letzter, harter gang.

Elmar Mayer Baldasseroni

erdenrundes mödlinger land

du weites land, du breite gegend
die sich vor mir ausgelegt
blauweißes treiben, windes beben
das all mein sehnen südwärts trägt

schweigender himmel, mein gefährte,
flüsternder wald, mein liebster freund,
erde, die mich am busen nährte,
grüngraues bändlein, das dich säumt

silberne feste, schroffer abgrund,
eisenbleiernes gewölk
wienerwaldriede, dräut der abschied,
schon naht des sternenzelts gebälk.

Elmar Mayer Baldasseroni

graue tanne

die tanne seufzt mit grauem ächzen
knorrig´ rippen, bleicher schein
einst starke zweige: matte fetzen,
trotzt sie am wegesrand allein.

klagt ihr leid in stummen liedern
keucht still nachts aus und tags ein
trägt schwer an ihren dürren gliedern
will nicht ganz vergangen sein.

krähen auf ihren nadeln flattern
käfer an den stämmen nagen
lichter werfen lange schatten
in den letzten erdentagen.

falben regt sie sich gen lüften
will den menschen ruhig verzeihen
unentwegt sie sie vergiften
niemand je vernahm ihr schreien.

Elmar Mayer Baldasseroni

Unter den Olivenbäumen

Unter den Olivenbäumen
streut in Unzerstörbarkeit des Seins
wilder Duft des Thymians
die Visionen eines Morgens

Unter den Olivenbäumen
steigt aus Blüten
der unermüdliche Wanderstab
des Pilgers,
der sein Ziel dem Seelenheil verschrieben

Unter den Olivenbäumen
atmet das Leben
die Unendlichkeit des Morgens
in Legenden unermüdlicher Wanderer
spiegelt sich das Licht in der Erde

Unter den Olivenbäumen
hütet der Schäfer seine Herde
und im stummen Spiel
der Gemeinsamkeit legt
das Unerahnbare im Jetzt
der Zukunft ihre Ketten an

Lieselotte Stiegler

Im Echo des Windes

Durch den Strudel der Zeit
trägt mich der Wind
auf bunten Blättern fliegen
Träume dem Winter entgegen
aus Wolkenrändern tropft Harz
wenn nackte Äste
an den Horizonten kratzen
im Schatten einer Zeit
bricht sich ein Strahl der Sonne
Wärme flutet über meine geöffneten Hände
das Echo des Windes trägt mich
durch die Jahreszeiten
bis Zeit zum Leben wird

Lieselotte Stiegler

Lengai Vulkan Natronsee, Gertraud Steiner

Von den Frauen

Frei nach Rilke

I.

Sie sprechen von sich
wie von fernen Sternen
wie von langen dunklen Wegen
die nicht zu Brücken
nicht zu Bildern führen

Sie sprechen von sich
wie von stummen Stuben
wie von einsamen Bänken
von schattigen Gefilden
die niemand je durchmaß

Andere legen ihre Hände auf Saiten
Fragen nicht
Sprechen nur: „Es sei!"
Für diese geht jede Türe
In die Welt

II.

Sie suchen stets
nach der verborgnen Türe in einen Dichter
Der ihr Lächeln wie Schalen von Silber hält
Doch er lässt sie allein in seinem Garten
Wo er sie wie Ewige zu empfangen schien
Um sie dann zu verscheuchen in den Schatten
Denn die Wege liebt er lang und leer

Sie lernen leben an euch Fernen
Wie die Abende an großen Sternen
Sich gewöhnen an die Ewigkeit.
Anfangs bewohnen sie noch ihre Worte
Später vom Warten müde
Hören sie im Herzen auf zu sein

Karin Seidner

Strom

Pfahl an Pfahl durchdringt ihr jeden Ort.
Wer nicht weicht, wird gewichen.
Wer nicht stumm ist, wird verstummt.

Ihr prägt das Bild der Felder
mehr als je eine Ähre es tat.
Mit Strammheit und Stolz steht ihr da,
mehr als je eine Schar an Soldaten es tat.

Unsterblich, zu einem endlosen Netz verbunden,
seid ihr da
und ewig in unserem Blick.

Matthias Gruber

Auf Spur oder Rutschgefahr, 2024, G. Bina

Regen

Im Grau der Seele schwimmen Tränen –
blind vor Regenschleiern
siehst die Welt du nicht.
Trüb und schal die Stunden, die sich dehnen,
matt und blicklos stehen deine Augen im Gesicht.

Der Sturm lässt Wolkenfetzen vor sich tanzen,
das nasse Dunkel kriecht ins schlagend Herz hinein.
Du fühlst in Deinem Inn'ren tausend spitze Lanzen
dein Ich wird in der Kälte klamm und klein.

Wo ist die warme Freiheit, das weite Firmament?
Wo ist das weiche Strahlen, das keine Grenzen kennt?
Es frisst die Eiseskälte sich in die Seele ein,
der Parzenreigen dreht sich –
dein Herz wird kalt wie Stein.

Lachesis, Klotho und Moira,
sie schmiegen sich an dich.
Sie hüllen dich in graue Schleier
und ziehen dich mit sich –
In ihren blinden Augen du deine Seele siehst.
Erblassend aus dem Abgrund
die schwarze Rose sprießt.

Carmen Wagner

Völlig verrückt

Möglichst langsam verrückt werden
Schellackplatten kaufen und meinen Brei davon essen
die Geweihe von Hirschkäfern als Trophäen
an die Wand
werdenden Müttern ihre Intim-Piercings abkaufen
nachts in der verwaisten Hundehütte schlafen
und morgens den Briefträger
mit einem Knurren empfangen

Das Verrücktwerden bis zur Neige auskosten
den Kollegen die Wahrheit sagen und dem Chef
eine horrende Abfindung kassieren
für die frisierte Bilanz
den Kaviar auf Blinis mit Nachbars Katze teilen
den perfekt gekühlten Sekt aus ihrem Napf schlabbern
und mich morgens bedanken für die tote Maus
auf der Brust

Ständig jedem es ist zum Verrücktwerden sagen
Zeugen Jehovas zu Scientologen umschulen
und entlassen
Asyl bei der Frohen Botschaft beantragen
mit den verbliebenen Freunden das Brot brechen
und wie Orgelpfeifen aufgestellt ins Rosenbeet pinkeln
während der Mond sich über uns ausschüttet

Der ist doch völlig verrückt werden alle sagen
so unheimlich dass wir ihm aus dem Weg gehen sollten
dabei war er doch immer ganz in Ordnung früher
hat pünktlich die Mülltonne vors Tor gestellt
den Briefträger stets mit einem Likörchen begrüßt
und die Bäume geschnitten vor ihrem Tod

Helmut Blepp

Chausseebäume im Winter

Im kahlen Geäst
zeigen die Schmarotzer
ihre Perlenpracht

Früher wurde im Frühjahr gestorben
denn der Tod ruhte im Winter
wenn der eisige Grund die Hacken zerbrach

Heute sägen die Händler ärmellos
Zweige für den Basar

Alleweil sterben jetzt die Leute
und wenn es klopft an der Tür
mit dem Mistelbund darüber
dann weiß keiner mehr recht
ob er gleich geküsst wird
oder geholt

Helmut Blepp

Verfügung

Bald möchte auch ich befiedert sein – pflanz
Alien, wenn schon nicht mir, zumindest
meinem Double das Programm zur Federnbildung
eines regenbogenfarbgen Raben ein,
die Schreibhand forme es zur Schwinge,
den Mund zu eines Schnabels Horn,
das neue Kleid zu strählen
in deines Käfigs Pracht,

als wahres Schnäppchen
mein Gedicht rundum zu krächzen
beim Großen Festival
der Stille.

Joachim Gunter Hammer

Schlafes Trunkenheit

17- und 19-Silbler

Mit des Schweigens Leuchte
auf der Spur der Verse, die
das Leben dir raubte ...

Sind all die Sterne Funken
schläge deiner Ichspaltung und wann
wirst du ganz?

Bald kommst du an – wird
der letzte Schritt auf diesem Weg
Baustein eines Tempels?

Antworten suchen
auf jene Frage, die am
Worttatort dich sucht.

Homo sapiens? Auf dem Pick-up
häufen weiß sich
volle Leichensäcke ...

Wieder rechnet er Getötete
gegen einander auf – Mensch,
wo bist du?

Nimmt dein Leben dann
von einer Galaxie zur nächsten
diese Abkürzung?

Klapsmüllerin du schöne, ach
dass nicht mein Vers allein

dich bald verwöhne!

Jugend in Armut, doch reich
an Sternen und Libellen,
voll das Planktonnetz!

Auch dieser Amselschiss
ist Teil des Geheimnisses und echt
verdammt heilig!

Narzissten
rechtzeitig den Spiegel ent
wenden und dann abführen?

Im Besenkammerl
schluchzt gebrochener Flügel
dein inneres Kind

Scheinst ein Wunderkind
und grünst in Herzens Abgrund doch
als ein Methusalem

Wann holt das Licht
dich müden Falter heim
in seinen dunklen Palast?

Hast Zuflucht genommen
bei Erleuchteten rundum,
die köstlich unsichtbar ...

Joachim Gunter Hammer

Meditation am Meer

Sand
fester Grund, den Füßen vertraut
vom Denken erstrebt.

Tritt fassen
will der Geist, sicher
voranschreiten

nicht taumeln
und stürzen
oder ins Schwimmen geraten.

Er waltet
ordnend im Sein, generiert
seine zweckhaften Pfade.

Narrative
moderne Mythen, reich
an erdachten Wesenheiten

fundieren
seine Aktionen
in der gekaperten Welt.

Das Meer
schweigt dazu
Welle um Welle.

Reinhard Dellbrügge

Meine Hand

Meine Hand

Meine Hand auf Bild

Meine Hand aus Stein

Meine Hand aus Luft

Meine Hand

Meine Hand aus Staub

Meine Hand aus Sand

Meine Hand aus Luft

Meine Hand aus Asche

Meine Hand in der Erde

Meine Hand im Meer

Meine Hand

Meine Hand aus Luft

Eva Jansenberger

Nein wir fürchten uns nicht vor dem Wald

Nein wir fürchten uns nicht vor dem Wald
Er lenkt den Gang sicher voran
Schärft den Blick für das Bodentiefe
Das Gespeicherte gibt er dutzendmal zurück
Nein der Wald ist es nicht

Wir fürchten uns vor dem Boot
Da sitzen wir eng und nass
da stehen wir auf den Füßen der anderen
wie in einem schlecht geschnittenen Film

Staub der Sterne in den Augen
Und immer das Spähen und es kaum zu fassen
Was uns trägt, trägt uns immer weiter
dorthin wo das Dunkle und Feuerrot glitzern

Hinter uns das brachliegende Land
Geruch nach der Asche

Das All zieht sich zusammen
die Weite rückt immer weiter
Dieses verfluchte Schreien des Wassers im Kopf

Mit tausend Träumen überfülltes Boot
kippt es um
Wer rettet uns in welcher Sprache der Engel

30 000 Ertrunkene im Mittelmeer
        Irena Habalik

außer haus
4 Gedichte

ruhm

nichts wächst
schneller an
als loorber

nichts kommt
im wachstum schneller voran
als lorbeer

nichts trocknet
schneller vom baum
als loorber.

selbstversorger

ich habe versprochen
ich habe den braten
ich habe gerochen
ich halte am ofen
die suppe am kochen
du hältst den spaten
um umzugraben
für die zutaten
die wir für beides brauchen
auf die wir schon so dringend warten.

fourletterwords

oder erst fast sehr
fest umso aber eher
früh spät mehr also
dran drum grad voll
halb karg grob leer

wahr wild wenn wann
sich nach über kann
dann klar acht noch
warm wird ganz lang
oben heiß kalt bald.

gartenarbeit

herbstlaub fällt
liegt
winterlaub
schnee darauf
frühjahrslaub
nichts schaut heraus
sommerlaub
darauf staub.

Gerhard Ruiss

Strandgut

Wir liegen um uns verstreut,
und alles ist erfüllt von Leben,
das sich in Wellen
an die Strände wirft.
Wir geben
niemals auf und stellen
den Ton noch lauter ein.

Wir sammeln uns
in Kübel
und mischen Tage,
die gefüllt mit Versprechen
aus den Schläfen brechen.

Und doch sind wir
im nächsten Augenblick
uns wieder fremd.

Sigune Schnabel

Bergahornwald

Vom Bergahornwald
träum´ ich
ans Bergahorn-Gut
denk´ ich

in der Kastanienallee
erinnert nur der Name noch
an die Kastanien
und ein stark
verrostetes Tor
beweint die Kastanienbäume mit rostigen Tränen

auf kitschigen Bildern
drücken rote Eichhörnchen
zärtlich rote Kastanien an sich

die Kastanienallee geh´ ich entlang
auf einem bunten Teppich
aus Blättern

ich sage mir
wenn er mich liebt, find´ ich im Schnee eine blaue Rose
oder aber
gleich
eine Kastanie unter den Blättern
da ist sie!

Wer weiß
war´s das Eichhörnchen
aus dem Kitschbild
oder eine gute Fee
ich vergrub die Kastanie in der Erde

und wünsch´ mir
dass hier ein Baum der Liebe wachse

oder gar
eine neue Kastanienallee?

Marzanna Danek

aus dem Polnischen von Andrea Roitner

Wächter des Weges, Elisabeth Jursa

Wenn das Leben aus Zwängen besteht

Wenn das Leben
aus Zwängen besteht
dein Atem
in der Brust stockt
deine Haut
nur Kälte
empfindet

Ungewiss
ob Tag oder Nacht

Sucht das zitternde Herz
vergeblich
Wärme

Wie eine neugeborene
Raupe
die wagt
in einer schier
unglaublichen Verwandlung
zum Schmetterling
das Leben zu atmen
warte ich
schon lange
auf meine Geburt

       Nahid Ensafpour

wenn es

zukunft gibt
löscht sie
was haften blieb
löscht was
schmerzhaft war
und für das
heilsein gefahr

wenn es
zukunft gibt

Martina Sens

Rot

Abgang ins arabische Bad, Cefalu, Sizilien,, Tanja Zimmermann

Aus dem Stand

Es steht der Zug
auf dem Geleise.
Auf Tellern steht
die Götterspeise.

Es steht der Ochs vorm neuen Tor
und auch der Tor, er steht davor.
Es steht der Hund an der Laterne.
Es stehen um den Mond die Sterne.
Es steht in Carnac mancher Stein,
so monolith, doch nicht allein.

Es steht noch viel,
doch mir wird kalt,
denn ich, ich steh
im Wienerwald.
Der steht so schwarz
und steht so stumm
und steht auch noch
um Wien herum.

Es wird mir bang,
es wird mir -weh,
doch mahnt mich
meine kleine Zeh',
ist dir auch schummrig,
sei nicht kummrig,
mach dir nichts vor,
du bist ein Tor,
der Wiener steht,
geschrieben steht,
nur auf Humor!

Drum sieh dich vor!
Brigitte Pixner

Inmitten einer Wolke

Inmitten einer Wolke
wuchs ein Kirschbaum,
dazu bestimmt, zwei Menschen
glücklich zu machen.
Beide wollten den Kirschbaum besitzen.
Beide machten Pläne.
Beide schmiedeten Waffen.
Beide zerstörten den Kirschbaum.

Auf einer freien Wiese
lebte eine Pelargonie,
ihre Blätter waren grün,
ihre Nahrung: Wasser, Nährstoffe aus der Erde,
Sonnenlicht.
Die Erde verlor ihre Freiheit.
Die Pelargonie starb.

Wir wandern von Höhle zu Höhle
auf der Suche nach freier Erde.
Erde, in der ein Kirschbaum wachsen könnte,
und eine Pelargonie blühen

Claudia Solis Haje
(aus dem Spanischen: Christine Schadenhofer)

Sie sagte

Es ist ein Matsch
Wenn man darin deine Gedichte
Zu küssen versucht

Oder nach Namen ruft
Die im Licht nicht zerbrechen können

Eine Sehnsucht zum Blühen bringt
Die kein Auge der Liebe gereift hat

Es ist ein Blut
Das nie in den Spiegeln des Meeres prickelnd
aufgefächert war
Und so seine Worte nicht in Steinen
anpflanzen kann

Es ist ein Gefühl
Das unter aller Haut der Körper bebt
Das schwarz durch die Finsternis galoppiert

...wenn ich morgen noch einmal
Den Tag aus mir erwachen würde
Was nicht ist
Oder Augenlider in ihrem Speicher erfülle
Indem kein Wort sich mehr aus mir schreibt...

Sie sagte zu mir:
Das Gedicht ist so schön
Dass ich es nie wieder hören
Oder lesen möchte

Rudolf Krieger

Eine Fabel am Wasser

„Ich weiß nicht, wovon die Leute reden",
dachte der Fisch, als er mal wieder nahe am Steg
schwamm.

Ich höre Menschenlaute wie „Wasser", Strömung,
schwimmen...

Rätselhaft. Was meinen die bloß?
Vermutlich banale Selbstverständlichkeiten.
Sie haben wohl zu viel Zeit.

Nun, ja. Von solchen Dingen weiß ich halt nichts,
kann sie nicht begreifen.

Aber eines weiß ich gewiss:

ICH BIN.

Und darauf kommt es doch an.
Hellmut Bölling

Du hast Steine geordnet

zu unsichtbaren Türmen, Vertikalitäten;
gesprochen mit Felsen,
als würden sie sich dir auch
eines Tages öffnen.
Den Menschen aber hast du gelauscht,
die von Versteinerungen ihrer Haut
nie müde wurden zu erzählen,
ob sich ein Meerauge doch aufreißt,
dass darin Dinge bald wie Fische
schwämmen, heranwellten,
bis diese Innenwelten Meer würden,
auch für die ungewässertsten der Fische,
auch für die Kiemen, die vom Himmel
träumen, statt vom Leben – mit dir.
Du, Fisch im eau de vie?
Nicht colourless!
Nicht außerordentlich
vom Geist betrunken,
nur gefühl-voll,
blessed.

Christian Wolf

November-Stimmungen

Allerseelen

Alle Seelen, sagen sie, kommen immer wieder,
im Herbst,
ich solle, sagen sie, die Seelen gut empfangen,
in meinem Haus,
ich solle, sagen sie, die Lieblingsspeisen zubereiten.
Doch weiß ich, wie viel Seelen kommen wollen?

Allerheiligen

Die Heiligen – einmal im Jahr treffen sie sich.
Kennen sie sich,
überhaupt?
Es sind schon so viele, es werden immer mehr.
Ob sie wirklich alle kommen?
Es kann schon kalt sein im November.

Herbstkranz

Ich habe einen Kranz gekauft,
mit bunten Beeren
für mein Gartentor.
Jetzt liegt er auf der frischen Erde
auf deinem Grab.
Ich fürchte mich vorm nächsten Herbst.

Claudia Taller

Das Tosen der Meere

Das Tosen der Meere, das Fließen der Flüsse, das Bachen
des Bachs
verstand ich noch nie
Weil ich suchte nach Worten
für die Bilder in mir
anstatt staunen zu lassen
mein Herz und mein Hirn
Matthias Gruber

Claudia Beherens, Zeichnung

„Der Klarsichtige"

Es wird mir sehr öd, in der Stadt hier zu leben.
Ich hatte einst Freunde, jetzt sind sie nicht da.
Verzogen die einen; sie standen mir nah.
Und die, die noch hier sind, verpflichtet dem Streben

nach Geld, Karriere ... an ihnen bleibt kleben
der Geist dieser Zeit und an ihnen wird wahr
der Friedman'sche Traum: das ist mir jetzt klar.
Das ist ja ganz schön, doch für mich ist's kein Leben.

Ja, und entfremdet bin ich von den Dritten.
Ihre Verlogenheit ist daran schuld.
Jeder ist nur mit sich selber befasst.

Und überall schwappt mir entgegen die Hast.
Ich verlier' mit den Menschen bald meine Geduld.
Das Leben ist fad, um den Frohsinn beschnitten.

Simon Konntas

Kurzweil

Zu Beginn des
neuen Jahres

voller Sehn-
sucht darauf
warten

im Mai von
einer Biene

gestochen
zu werden.

Augenblick

Der Wunsch
das Leben
anzuhalten.

Es mit Liebe
zu gestalten.

Hoffen, dass
es weitergeht.

Dafür ist es
nie zu spät.

Markus Prem

Mond

du stehst schon am himmel
wenn die sonne ihr schandrotes spiel treibt.
bist da, wenn sehnsüchte wachsen,
wenn seelen um trost schreien.
mond!

vielgesichtiges, rätselhaftes gestirn
halb erforscht, doch nicht ergründet.
den frauen mystischer gefährte,
den männern gewaltsamer impuls.
mond!

verleitest wahrsagerinnen
zu frivolen orakeln,
du torkelst spät ins morgengrauen,
wo dein licht erlöscht.
mond!

menschenfreund, schwärmer,
liebesdiener und pater noster in einem.
du läßt uns arme träumen
auch wenn alles zuende geht.
mond!

Ilse Gerhardt

Sonne

bunter stoff
wehrt dich ab von meiner haut
nun fürchte ich deinen strahl
sonne!

dein licht glitzert
auf firn, durch Geäst,
zieht leben aus dem eis
sonne!

du scheuchst nebel,
erhitzt seelen,
treibst schweiß auf die haut
sonne!

ewiges eis schmilzt ,
bedroht die kreatur.
deine kraft vernichtet
sonne!

Ilse Gerhardt

Die Kuckucksbahn

Nach Zhana Minasyan: КУКУШКА

Fahr noch ein Stückchen mit mir auf der *Kuckucksbahn*
und schau, wie sich die Kiefern mit den Fichten wiegen.
So will ich lächeln und in deinen Armen liegen,
auch wenn ich Abschied auf der Zunge spüren kann.

Ein kalter Wind weht weites Land zu uns herein.
Wildblumen blühten an den Wegen unsrer Reise.
Bei jeder Weiche steh' ich jetzt und frag' die Gleise:
Zieh' ich noch weiter mit dir? Lässt du mich allein?

Die *Kuckucksbahn*, sie kennt nur diesen einen Schrei.
Wir fahr'n durch Wälder.
Und er fährt mir in die Glieder.
Ihr *Kuckuck. Kuckuck.* Ruft sie wieder, wieder, wieder.
Wir sind noch immer Eins. Und bleiben immer Zwei.

Jürgen de Bassmann

die spuren der krähen im schnee

die spuren der krähen im schnee
sind hieroglyphen mit der bedeutung: trotzdem.
ich lese sie alle
immer wieder: trotzdem und trotzdem
und trotzdem ...
denn ich brauche sie dringend
jetzt im winter
um sie entgegenzusetzen
der kälte und der finsternis
dem sturm und dem eis.

Peter Sonnbichler

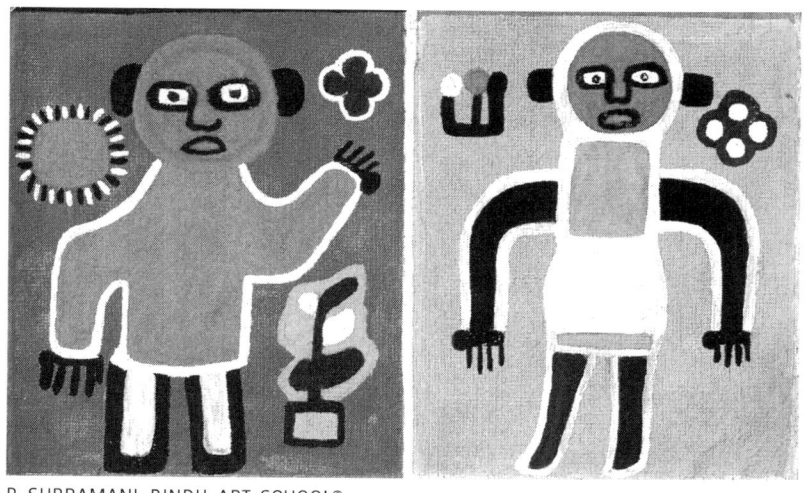

P. SUBRAMANI, BINDU-ART-SCHOOL©

Morgendämmerung trifft die Sonne

Morgendämmerung trifft die Sonne
Leidenschaft schwebt in der Luft
blauer Frühlingshimmel

Eine Frau hält in der Hand
Die Fliederkugel des Mondes
Zeit

Das Küken hat
Einen Sonnenstrahl gefangen
Frühling

Die abendliche Katze
mit grünen Augen wärmt sich auf
in den untergehenden Mondstrahlen

Staubkörnchen der Sonne
wischte ich von der Wange des Kindes ab
und er fing an zu weinen.

Dreizeiler von Sophia Benedict

Im Norden

Gibt es Elche
sah ich welche
eventuell ganz tief im Wald
sehe ich sie doch noch bald

Geweihe gibt's am Straßenrand
als Trophäe an nem Stand
die nun haben möcht ich nicht
was mir bleibt ist da Verzicht

vielleicht hilft jetzt der Zufall mir
und präsentiert ein lebend Tier
das möchte ich zu gerne sehen
den Elch in seinem Wald verstehen

Ellen Norten

Engel auf Erden

Weil's sonst keiner tuat –
sag Euch ich, das is g'wiss
Dass a Engel auf Erden –
was Himmlisches ist

Was ein Mann davon träumt –
das ist unbeschreiblich
Von an Engel, was blond is –
und rosig und weiblich
A Frau träumt, der Schutzengel –
nimmts fest in Arm
So a starker, schwarzg'schnecklerter –
haltert schön warm

Aber bleib' ma beim Thema –
ein Eng'l wär' guat
Wannst sonst niemand hast –
der dir hilft und was tuat
Wenn's einmal g'schissen hergeht –
und du brauchst an Rat
Ist a jeder ein Engel –
was Zeit für Dich hat

Wozu ma an Engl braucht –
ist sehr verschieden
Wennst arbeitslos word'n bist –
oder krank, oder g'schieden
Wennst ka Zukunft mehr siehgst –
wenn sich d'Welt nimmer draht
Wennst alleinig daheim bist –
und kein Hahn nach dir kraht

Dann wär' wohl ein irdischer –
Engel recht fein
das kann auch die grantige –
Nachbarin sein
Vielleicht sagt's dir, was eigentlich –
dein Fehler war
Oft ist nach ein' Tritt –
in dein' Hintern alles klar

Dass d' aufstehst und tuast was –
der Zorn gibt a Kraft
Aus Wehleidigkeit –
hat noch keiner was g'schafft
Oder s' fallt dir wer ein –
dem 's grad noch schlechter geht
Und ein' Engl wie Dich –
dringend notwendig hätt'?

Da bist wer und kannst was –
und es Helfen tuat guat
Du kriagst wieder Wärme –
und a Eisen ins Bluat
Miteinander räumt's dann –
den Stein aus'n Weg
Zu zweit ziagt ma leichter –
den Karr'n aus'n Dreck

Nachher plaudert ma gern –
bei an G'spritztn im Garten
Wer an Freund hat, der braucht –
auf kein' Engel mehr warten!

Robert Müller

Erwärmung

Ist das der Frühling, Toulouse ?
Sie haben heiße Wangen, deine Kathedralen
Und steigen morgens in den weiten Himmel
Weißrote Karavellen
Und der Wind ist gut

Steil sind die Treppen, Toulouse
Jenseits der Jahreszeit steigt so die Sonne
Und taucht die Feuerarme in den Horizont
Jenseits des Windes wartet leicht ein Schritt

Der Flammenstern
Wirft in die Krone
Der rauschenden Erde
Sein brennendes Kleid

Eine Welt aus gelbem Gras
Abgetragen wie die Wolken
Wartet auf den Tod

Wenn die Blütenwunden in den Bäumen harschen
Wenn der Sonnenhammer in die Steine bricht
Wenn der Sommer überm Dach zusammenschlägt
Und die Lebenden im Glutwind in die Felder sinken
Hunde sterben, Tage, Wiesen, wir

Wie müde Vögel, Toulouse
Fallen dann deine Kathedralen in die Täler
Ducken sich in das Herz des heißen Todes
Und hüten unsere frühen Träume
Die kahlen Pinien
Und den bittren Wein

F. Peter Kirsch

Gedankenflug

die Sprache verlässt mich
zerrinnt im Sand
verweht mit dem Wind
vermengt sich mit der Luft
wird zu nicht sichtbarem
nicht hörbarem
Gedankenflug

sie kehrt wieder
dringt in die Tiefe der Erde
versinkt wie ein Objekt
und es wird still
für einen Moment

doch dann
steigen Worte auf wie Rauch
die Sprache kehrt zu mir zurück

Elisabeth M. Jursa

Ich lief über
helles grünes Gras

Ich lief über helles grünes Gras
und über braune Nadeln im Wald,
ich lief über Stoppelfelder
da waren die Halme so spitz und gelb
was habe ich dir getan?

Die Wolken waren weiß und groß
Der Wald in der Ferne so schwarz

Und der Schatten wird länger
und der Vogel kreischt wild
ich habe dich nicht vergessen.

Ich stand am Rand des Waldes
Sah in die des Abends Dunkel
Am Himmel leuchtete ein Stern

Eva Meloun

Geglückter Tag

Am Morgen
an einem abgefallenen Blatt versuchen
die Jahresringe des Baumes abzuzählen
und woher er entstammt

Am Vormittag
an einem abgetrennten Flussarm versuchen
den Wasserlauf zurückzuverfolgen
bis jenseits der Quelle

Zu Mittag
an einem zerklüfteten Stein versuchen
dem Felsblock nachzugehen
aus dem in Urzeit er gebrochen

Am Nachmittag
an einem herangewehten Wort versuchen
eine Geschichte herauszulesen
Satz für Satz

Gegen Abend
an einem gekreuzten Augenblick
unverhofft die nächste Stunde festmachen
oder sogar

die ganze Nacht
Heinz Kröpfl

Das Sein und das Werden

Da ist das Holz
Es kann zur Hütte werden
oder zum Kreuz

Da ist das Feuer
Es kann Wärme spenden
oder versengen

Da ist das Wasser
Es kann Durst stillen
oder ertränken

Da ist das Leben
Es kann gebären
oder töten

Was wirst du tun?

Heinz Kröpfl

Sechs Uhr fünfundvierzig

Gold durch Grün gebrochen,
leiser Flügelschlag
in der erwartungsvollen Stille
über dem Hof des Gemeindebaus

Waltraud Zechmeister

Leise

kichert Schnee
über die Straßen
in der großen Stadt
hin

Waltraud Zechmeister

Das Leben

Schnee fällt
und mit ihm
die Last
die unsere Schultern bedrückt

Gras grünt
und die Hoffnung
die uns am Leben hält
von Neuem erblüht

Mohn errötet
und die Zuversicht
die uns nach vorn blicken lässt
immer stärker erglimmt

Laub gilbt
und damit die Furcht
vor dem frühen Dunkel
dem Ende unsrer Tage sinkt

Schnee fällt
Beizeiten wird Gras
darüber gewachsen sein
Im Ofen brennt das Holz

und wir frösteln
und wir glühen

Heinz Kröpfl

12.

In diesem Winter sah uns der Frühling nicht
in die Augen
im grünen Mantel schritt er einher, doch etwas unsicher

ich versprach meinem Sohn, diesen Sommer
werde er sicher das Meer sehen

sein größter Traum werde sich erfüllen

vielleicht sprach ich diesen Wunsch
zur falschen Stunde aus
und mein Sohn träumte zu sehr davon
angeblich gehen in unserem Leben
alle Träume in Erfüllung,
doch so bizarr, dass wir sie nicht erkennen

Das Syndrom des Robinson, gefangen auf einer
menschenleeren Insel
meines Lieblingshelden aus der
Bücherflut meiner Kindheit
mein Sohn bekommt es bald zum Geburtstag
ich versprach ihm abends daraus vorzulesen

Die Welle, kam sie zu uns vom Meer?
wie in einem antiken Drama
die Schuld von selbst den Helden ereilt

mein Sohn rieb sich ungläubig die Augen

sie warf weder Bernstein noch prachtvolle Muscheln
ans Ufer

stattdessen überflutete sie den Mond, die Sonne und
unsere bescheidene Habe
das Haus, ein Leben lang gebaut
im Schweiße unseres Angesichts

wir kauerten auf dem Dach
der erboste Storch blickte aus seinem Nest auf uns
ungebetene Gäste

die Nacht war eiskalt
ich nannte sie die Nacht des vergessenen Gebets
ähnlich einem Schrei
verzweifelt riefen wir im Dunkel um Hilfe

zum Glück schlief mein Sohn endlich ein

er hatte wohl unruhige Träume

ich fragte den schwarzen Abgrund der Nacht:
ist für uns wieder kein Platz auf der Erde?
Sind wir ausgesperrt?

Gefangene auf einer menschenleeren Insel im Herzen
des Kontinents

der Nachbar ist vorübergehend Gott
er entscheidet über Leben und Tod
im Boot ist nur ein Platz und er muss wählen
zwischen der kleinen Tochter, der schwangeren Frau
und dem alten Vater

wen er gewählt hat werde ich in den Zeitungen lesen
aber wenn sie trocknen

ich träume, der Tag möge kommen, wenn ich
triumphierend rufe:
Land in Sicht

Marzanna Danek
aus dem Polnischen von Maria Latkowska-Homoncik

Baum und Meer, Tanja Zimmermann

Initiation

Die Bäume am Fluss
geklettert in die Kronen
wo die Äste uns kaum noch hielten

Am Ufer gegenüber rosteten Kräne
der letzte Kies noch zur Verladung
ein Nistplatz für Möwen
vor trauernden Rentnern
die Brot aus Tüten warfen

Erst wenn der Wind uns wiegte
und wir in Rinde verkrallt
den Tod am Boden ahnten
dann küsstest du mich

Helmut Blepp

Allerseelen 2

Leuchtet wieder hinterm Sternum
und gleichzeitig im rechten Knie
meiner Zwillingsschwester die Stimme
des Vaters auf, der drüben wohl erneut
verzweifelt auf dem Trockenen ist
und um Schattenwürfe Schnaps fleht,
also schütten wir gemeinsam
sieben Stamperl Sliwowitz

in den Herbstwind
über seinem Grab aus, zünden
ein schwarzes Teelicht an und wünschen
dem herzensguten Alten weiterhin beste Gesundheit
und viele Freuden mit zärtlichen Engeln,
die abseits des christlichen Himmels
schon lächelnd auf ihn warten, sei
umarmt in alle Ewigkeit, Ciao
Papa!

Joachim Gunter Hammer

Unter-Holz in Rüstung

weich sein Anfang, erdgelagert
bis er metamorph
in starrer Rüstung steckt
der Zwerg, der eigentlich ein Riese ist
allein auf Raubzug
hoch sensibel
die Antennen
Empfang jedoch nur bodennah
interessiert ihn kein Stück Himmel
tauschte Flügel gegen Farbe
(Mitternachts Mondschein feuchtes Blau)
immer laufend
bis ans Ende
das auf seinem Rücken liegt

> *Silke Scheffel,*
> *(in Beantwortung von "Bergblau in der Hand"*
> *von Sofie Morin)*

Dick-ich-t im Schatten

immergrüne Käferfunde, im Jetzt
beschreiben mir Kinderaugen
ungepanzert noch vorm Sehen
ein Schattenspiel wie am Geburtstag
bloß auf Berührung
antennenfühlig
das Erleben
sein Lauf ein schillernder Käfer
auf seinem Rücken die Welt
ausgetragen nährte sie uns
(unter der Erde wurzelt ein ganzer Wald)
Zweige biegend

zu einem Anfang
der blau schimmert wie Hoffnung

Sofie Morin, (in Beantwortung von „Unter-Holz in Rüstung"
von Silke Scheffel)
Auszug aus: Käferfunde. Den Wald herbeireden: gemeinsam
Eine Zwiesprache von Sofie Morin & Silke Scheffel

K. GODAVARI,
BINDU-ART-SCHOOL©

mein regenbogen

Dein Haar ist
eine Straße.
Wer fragt nach der Farbe
von Straßen?

Dein Mund ist
eine Quelle.
Wer fragt nach der Farbe
von Quellen?

Deine Augen sind
Fenster der Seele.
Wer fragt nach der Farbe
von Seelen?

Du selbst bist
meine Hoffnung.
Du bist
mein Regenbogen.

Dietmar Füssel

Mein Vater war kein Nobelpreisträger

Mein Vater diente nicht in der Diplomatie
aber er war ein Botschafter der Menschlichkeit

mein Vater hinterließ uns weder Aktien
noch ein Vermögen
aber er schenkte uns Erinnerungen von kostbarem Wert

mein Vater erreichte kein hohes Alter
aber er hinterließ uns Augenblicke von
Nähe und Sicherheit

mein Vater war weder ein Mitglied der Geheimpolizei
noch Manager oder ein bedeutender politischer Führer

mein Vater war kein Professor oder Wissenschaftler
aber mein Vater buk das beste Brot dieser Welt

er pflanzte mir den Wert von Brot in Herz und Verstand
und der Duft warmen Brotes begleitet mich bis zum
heutigen Tag

mein Vater war weder Fürst noch König, auch kein
Deuter des Universums
aber in seinen Augen spiegelte sich
der ganze Sternenhimmel

mein Vater war eine Säule, an die ich mich gerne
anlehnen würde
manchmal, nur für einen Augenblick,
um mich daran festzuhalten

mein Vater war kein Nobelpreisträger -
für Männer seiner Art wurde noch kein Preis erfunden.

Ana Schoretits, geschrieben am „Geburtstag" des Vaters, der
viel zu jung verstarb

reisen

reisen
das Wohin im Gepäck
es spricht zu mir in vielen Sprachen
in der Vielfalt der Farben und Gesichter
finde ich meine Erfahrung

anregend die Bewegung nach vor
ich hinterlasse keine Spuren

wohin mein Auge fällt
sehe ich mich
das Leben in mir
es anderswo suchend
auf der Reise zu mir

Elisabeth M. Jursa

Sie spannte einen Zaun

um meine Augenblicke.
Ich bin das wilde Kind,
das über Worte rennt,
und Mutter kehrt den Horizont
bis zu den Pfosten.

Wenn wir in großen Lettern
Leben auf das Pflaster schreiben,
tönen Stimmen
über Felder
und all die Jahre,
die dort wachsen.

Sigune Schnabel

Winter, Christian Pauli

Späte Liebe

Was für ein übermütiges Kissen,
aus der Form und völlig zerschlissen,
mit knallbunten Knöpfen, verfilzten Zöpfen,
Rüschen, Fransen, seltsamen Schlaufen,
ich hab es gesehen und musste es kaufen.

Will es auf meinen Klappsessel legen,
der von viel zu viel Sonne, viel zu viel Regen
verblichen, verwaschen, mit zerfledderten Laschen
in seltsamen Ornamenten sich räkelt
und schon lang seinen Traum vom Traumkissen häkelt.

Birgit Rietzler

Desert Roses am Natron See

Hinter jedem Feuer erhebt sich eine Blaue Wand.
Sie wartet. Blau wie Blau nur sein kann.
Durchscheinend, gewaltig, dabei schleierhaft.

Sie ist nicht greifbar. Wie das Feuer, das sich verzehrt
und verjüngt. Auf seiner Brandstatt, die sich in Flecken
und Streifen weithin an den Horizont verläuft,
sprießen grüne Spitzen aus dem Aschegrund.

Indessen das Feuer flackert, knistert, frisst,
hüllt sich die Blaue Wand in Schweigen, entzieht sich.
Sie kennt den Tod nicht, nicht einmal die Zeit,
nur den Traum. Sie steht, besteht, nein, sie wogt,
wirft sich in Wellen, rollt und stürzt auf uns zu.

Ein Elen läuft durch den verkohlten Busch.
Da und dort Impalas, sie lecken von der Asche.
Das Feuer hat sich in die Erde verkrochen.
Es nagt an den Wurzeln. An deinen und meinen.

Du spürst, wie sich der Boden unter uns hebt,
sich faltet, wie er aufheizt, kocht und verdorrt.
Die Blaue Wand aber steht und wartet.
Sie steht nicht mehr fern, schafft Platz
für die Flut. Stürzendes Blau. Aus der Traum.
Viele Feuer später erst, der Rauch hat sich gelegt,
seine wirbelnden Säulen haben sich aufgelöst im Blau.
Blau der Tag, den wir nicht mehr sehen.
Der nicht mehr uns gehört. Nicht mehr die Rosen
lange nach uns. Aus knotigem Holz
sind sie erblüht. Desert Roses, die dem Feuer
und der Flut widerstehen. Sie werden wieder wachsen,

mit dem Gift, das in ihren Zweigen steckt,
aus dem Stock hervorbrechen und da sein.
Da sein für Jäger und Gejagte.

Gertraud Steiner / Tansania, im Juli

Desert Roses Natronsee, Gertrude Steiner

Tanka

Winter über Nacht.
Frischer Schnee auf den Wegen,
bald mit Füßen getreten.
Vorbei die Unschuld.

Ilse Viktoria Bösze

Baum-Schwamm, Christian Pauli

Weg damit!

Abgeworfen allen Ballast,
all das Unnötige
jahrelang Mitgeschleppte,
Verstaute, wertloser Plunder,
jedoch Raum greifend.
Abgeworfen wie der Herbstwald seine Blätter,
wie Blumen ihre Blüten,
wie Tiere ihr Winterfell,
ein Befreiungsschlag,
der äußerlich wie innerlich reinigt,
beruhigt und zufriedener macht,
endlich!
Oh, hätte ich schon längst, ...!
Doch ist es müßig, darüber zu grollen.
Besser spät als nie!
Hauptsache, jetzt ist es geschehen.

Nun steht die nächste Aufgabe an:
Abwerfen allen Ballast,
all das Unnötige,
jahrelang Mitgeschleppte
an belastenden Erinnerungen und Gefühlen.
Abwerfen wie der Herbstwald seine Blätter,
wie Blumen ihre Blüten
wie Tiere ihr Winterfell
ein Befreiungsschlag,
der äußerlich wie innerlich reinigt,
beruhigt und zufriedener macht.
Eine anspruchsvolle, schwere Aufgabe,
jedoch not-wendig und höchst an der Zeit!

Susanne Rödl

wenn hoffnung keimt:

still sein
zulassen und nicht weiterdenken
an was sein könnte
denn zu zart ist das pflänzlein
für große worte und gedanken.
nur gewähren lassen
nur noch nicht danach greifen
denn behutsamkeit von allen seiten
ist nötig
und von allen seiten her muss güte fließen
auch von völlig ungeahnten.
nur ein starker wille reicht nicht aus.

Peter Sonnbichler

Zivilcourage

Fern von der Erdbebenzone haben wir unsere eigene
Insel entdeckt,
darauf einen starken Baum gepflanzt am Fuße des
Vulkans.
Die Stürme ziehen vorbei und erschüttern das Meer,
jedoch nicht
unseren Respekt vor dem Baum, dem Land und der
glühenden Lava.

Wir glauben an Bäume, Erde und Lava, doch flüchten
wir auf sicheres Land,
besser in Watte verpackt als im Risiko leben.
Wir wenden uns ab, wenn Wehrlose geschlagen,
schweigen bei Verleumdungen,
lösen uns nicht aus dem Sog der Masse, treiben in
rosaroten Versprechungen.

Was fehlt uns denn,
um lachsgleich gegen den Strom zu schwimmen,
bei gravierenden Irrtümern nicht zu verstummen,
dem Ausverkauf der Seelen keinen Applaus zu spenden,
und als Einzelgestalt Position zu verteidigen,
und allseits belächelt Prinzipien zu wahren,
und nicht opportune Entscheidungen zu treffen,
und Menschsein zu leben ohne Wenn und Aber?

Zivilcourage duftet nicht nach Belohnung,
ist nicht begleitet vom Glanz gegenwärtiger Throne
und vom Erfolg der Generation der Gewinner.
Zivilcourage atmet Widerspruch und Erhebung
und Einsatz für die Würde des Einzelnen.
Zivilcourage mag ein vergessener Stern sein

im leuchtenden Milchstraßensystem,
doch ohne ihn würde der Baum auf unserer Insel
sein besonderes Licht vermissen,
und das Land sich mit größeren Schatten bedecken.

Wir glauben an Bäume, Erde und Lava
und die Leuchtkraft eines winzigen Sterns.

Ana Schoretits

Orange

Schilf, Christian Pauli

Vorahnung

Das Blattgold liegt schon hier nieder,
der Löschteich dümpelt dahin,
was oben grau ist unten Helle
Die Frohnatur macht jetzt viel Sinn.
Seerosenblätter drängen
sich blütenlos zum Uferrand.
Das Schilf dahinter steht gar strenge
und raschelt leis durch Windeshauch.
Kupfern hängt noch Laub ganz oben,
Papp eln zieren diesen Teich,
zeigen himmelwärts, nach oben,
denn bald kommt die kalte Zeit.
Finster scheint es und gar stille,
vieles ist dem Tod geweiht.
Doch der Wandler lässt uns grüßen:
Neues Leben keimt bereits.

Sonja Henisch

die landschaft
stolpert in mir

die landschaft stolpert in mir

gibt es mich da wo ich bin

angefangen   bei mir   endet

in schichten   die nacht

Barbara Kuhness

die zeit verlässt den raum

die lieder
kehren nicht zurück
an ihren grund

der name noch ein seufzer
und schon wieder
kommt und geht
im land der rauch

woher in dir erreicht dich
immer wieder
von dort der klang
die luft der raum

was in dir zieht aus der tiefe
lieder
gebündelt frische gräser
wilder mond

frag nicht die nacht
doch leg dich nieder
auszuruhen
aus zu stehn

Barbara Kuhness

aber die nacht (in schichten) glatt

in mich war da
am platz wo gesichter
finger (geschichten)
traum – erzählen

.

der klee brennt.

wir geben ihn weiter

springt er
von hand zu hand
hinaus auf die dächer

doch er soll
sich nicht verlieren
wo wir ihn brauchen

oder an welchen ort
unsere wut
wenn ohne worte
wir sie verlassen?

Barbara Kuhness

Ein funkensprühendes Feuerwerk

Weckruf des Impulses
Hautnah pulsierende Zeit
Verschmelzen in der Hingabe
Winterliches Wetter
Weiß, kalt
Und nass
Draußen
Der Schnee
Weiß, heiß
Und nass
Drinnen
Die Körper
Ineinander
Verschlungen
Licht im Blick
Unsere Gesichter sind so nah,
Dass unsere Augen fast zu einem
Einzigen verschwimmen
Blicke in die tiefsten Tiefen
Und Winkel deiner Seele hinein
Unsere Körper sind eins
Die Gedanken tanzen Walzer
Den wunderbaren Klang deiner
Seele vernehme ich genau
Zauberstaub wirbelt auf
Ein funkensprühendes Feuerwerk
Reigen der Leidenschaft
Alles auf Anfang
Susanne Ulrike Maria Albrecht

Das Schöne

ist nicht der Unterschied
zwischen Freund und Feind,
das Schöne heißt, die Seelen zu befreien.
Der Kampf des freien Willens
gegen die Natur in uns und um uns,
die Verstellung unserer Wege,
die uns aufhält, unsere Körper
und Behinderungen,
die uns nicht aufhalten,
wenn wir uns lieben – enthüllen –
inmitten von allem.
Dieser heroische Kampf des Lebendigen,
im Grunde überirdischen Lebens,
ist, was wir sind.

Christian Wolf

Die Dachbodenballade

Indes die Regenwolken düstern
und sich die Schatten flackernd ballen,
hör ich am Dachboden flüstern
Vergangenheiten schier aus allen
Dingen, die, verbraucht, verstaubt
dort modernd in den Ecken sterben,
eines Todes, dass man glaubt:
Traurig ist das Dingeerben.

Denn was erbt man? Dinge, Sachen,
die des Sinns, des Zwecks entbehren.
Nichts kann man mit ihnen machen,
belasten sich nur und beschweren:
Neben einem Webstuhl warten
Truhen, neben Truhen Bücher,
nebst den Büchern sind Standarten,
noch vom Krieg, daneben Tücher.

All das sorglos, wie bestattet,
und in alten, morschen Kisten,
von einer Lolchschicht überwattet,
Briefe, wie von längst Vermissten;
Karten, Hefte, Briefchen, Bilder,
die einst Menschen sich gesandt.
Längst Verganges mischt sich milder
in all das, was schon bekannt.

Hier auch plötzlich, lang vergessen:
Kärtchen an ein Liebespaar.
Unwillkürlich stockt man: wessen
Leben ist das, das einst war?
Regenwolken mählich schwärzen

Ecken, wo grau Dinge harren.
Sonderbar geht's doch zu Herzen
und des Daches Balken knarren.

Webstuhl, Truhen, Bücher, Stühle,
Spinnrad, Betten, Wiegen, Fahnen –:
Und indes ich weiter wühle,
säuselt klamm der Geist der Ahnen,
säuselt, bis ich still begreife:
das waren wir, das Paar, die Briefe ...
So rollt des Lebens Endlosschleife
und donnergrollt in schwarze Tiefe ...

Simon Konttas

Meer, Christian Pauli

An den Janusmonat Januar

Jung ist noch das neue Jahr,
es hat eben erst begonnen.
Schließt jetzt ab, was früher war.
Frisch gewagt ist halb gewonnen!

Zwei Gesichter trug der Gott,
der den Namen dir gegeben:
Eins blickt nach dem alten Trott,
eins voran ins künft'ge Leben.

Noch sind wir nicht ganz gewahr,
wie wird's weitergehn auf Erden?
Jung ist noch das neue Jahr.
Möge es ein gutes werden!

Franziska Bauer

Fliederregen

Regen tropft auf den Flieder,
Mairegen,
heute zerzaust er die Rispen,
doch morgen blüht alles umso mehr.

Regen tropft
auf die fliederfarbenen Träume
und spült sie so auf die Erde,
wo Setzlinge

zu einem neuen Baum werden könnten,
der eines schönen Tages dann
seine violetten Blüten auf dein Haar rieseln lässt.
Regen tropft auf den Flieder.

Kurt F. Svatek

Epilog

Welches Schlusswort wirst du deinem Leben geben?
Welches Wort magst du am liebsten?
Welcher Klang, welcher Rhythmus, welches Echo?
Welche Worte durchbohren die Brust wie ein Pfeil,

und welche Worte tun der Seele gut,
wie ein Blick in den Himmel,
wie der Blick übers Meer
oder wie ein Blick in liebevolle Augen?

Leben, um zu lieben?
Vielleicht einfach leben, um zu leben?
Sag mir dieses Wort,
oder willst du es tatsächlich andern überlassen?

Kurt F. Svatek

P. SUBRAMANI, BINDU-ART-SCHOOL©

Ja, wenn

Wenn die Sonne kommt,
wird sie dich nicht finden,
wenn du im Hinterhof bist.

Wenn der Wind kommt,
wird er dich nicht finden,
weil du dich wie ein Vogel im Nest versteckt hast.

Wenn der Mond kommt,
wird er dich nicht finden,
weil du die Vorhänge zugezogen hast.

Wenn die Sterne herauskommen,
werden sie dich nicht finden,
weil du Wolken bestellt hast.

Und wenn sich die Liebe anschleicht,
wird sie dich nicht finden
in deinem Schneckenhaus.

Dabei warten sie alle auf dich:
die Sonne, der Wind, der Mond, die Sterne
und vielleicht auch die Liebe.

Kurt F. Svatek

Das Mädchen

Kann der Wind
die Saiten der Gitarre
zum Klingen bringen,
um ein Liebeslied zu spielen
und um es dorthin zu wehen,
wo es ankommen soll?

Wind, fragte das Mädchen,
wer hat mich
mit dieser Melodie verzaubert,
die du mir bringst?
Ich, sagte der Wind.
Ach so, seufzte das Mädchen

und zupfte langsam
die weißen Zungenblüten der Margerite
weiter einzeln ab.
Nur das Orakel ging,
ganz ohne Barmherzigkeit,
in gleicher Weise schief.

Kurt F. Svatek

Vögel

Am Liebsten setz ich mich zu euch
mach die Augen zu und warte.
Und in Gewissheit, dass ihr singt,
wenn ich sitz
wird mir wohl.

Matthias Gruber

Korcula, Christian Pauli

Der Stein 1

Seine Festigkeit in einer Zitterhand
Nie wird er zu einem mickrigen Schwamm
Einsilbig, zum Vorteil der fremden Zunge

Mit einem weichen Kern
Käthe Kollwitz formte ihn zu ihrem Schmerz
Immer gleich seine Träume

Mit den Fingern entlang dem Stein,
eine unförmige poröse Reise
zu den Restspuren des Vergangenen

Ein Steinchen, leuchtend, wie eine Kerze
legte ich es aufs Hügelgrab vom Chagall;
eine grüne Kuh zwinkerte, zwinkerte mir zu

Irena Habalik

Die Nacht des Schicksals

Die Macht der Nacht
hat mich entfacht,
spricht eine Maid
im Knisterkleid.
Noch knistert's weiß,
doch schon plissee.
Autsch!, schreit sie laut,
Du tust mir weh!

Da fällt das Kleid.
Da rutscht der Saum.
Und Liebesdonner füllt den Raum.
Es ist zwar noch nicht Lenz. März.
Doch geht es schon enthemmtwärts.

Es ächzt im Turm.
Es dräut ein Sturm.
Die Nacht, sie wackelt mit den Ohren.
Da hat die Unschuld wer verloren.

Doch kommt das öfters vor.
Die Nacht, sie zieht
sich Wolken vor.

Brigitte Pixner

freude rundum

freude rundum
mit fingern zu kneifen
so prall.
doch menschen oftmals
stürzen sich in pfützen
und ertrinken
und lichter löschen aus
nur weil keiner sie liebt
und manch ein vogel
singt mit voller srtimme
stumm wie eis
und vieles bleibt was nicht gut ist
und mehr noch
geschieht ganz einfach nicht.

Peter Sonnbichler

Gedanken am Fluss

Der Duft vom nahen Rosengarten
verweht im Tosen, im Krieg der Welt
(nicht mehr fern dem Lärm meiner Kindheit)
kriechen die Blumen unter die Erde
starre Halme – sonst nichts
fallen die Vögel vom Himmel herab
glotzen die Fische mit toten Augen
nach oben
Allein – vor dem Fenster
kein Stern, nicht einer am Himmel
doch verkrochen zwischen dem Bäumen
die Mondsichel
zarte Spiegelung auf dem Wasser
ein einzelnes Blatt in sanftem Kreisen
treib ich mit ihm und

versinke aufs Neue
in der Schönheit der Welt

Karin Schreiber

Geöffnet alle Türen

Die Türen meines Hauses
Und die Türen meines Herzens
Sind weit für dich geöffnet
Lady Veronica
Sieh – in meinem verschneiten Garten
Vollmond tanzt
Spielt eine Eidechsen - Band Blues und Country Songs.

Komm' zu mir
Lauschen wir dem Sound
Mit einem Gläschen Wein in umschlungenen Fingern
Blicke nach oben
Lady Veronica
Im Sternenschein
Geöffnet alle Türen.

Michael Benaglio

Grimming Erotik

In deinem Schatten
Unter deinem Schutz
Bruder Grimming
Liebte ich die Frau
Deren warmer Körper
Den Kuss meiner Seele erwiderte.

Michael Benaglio

Turm Stiege, Christian Pauli

im Vorübergehen

im Vorübergehen
ein Blick in deine Augen
aufmerksam sind sie
und nachdenklich
wohin gehst du?
woher bist du gekommen?
unsere Schritte entfernen sich
meine Gedanken sind bei dir
wo ist deine Heimat?
vermisst du sie?

ich bin eine Fremde für dich
wie du für mich
begegneten wir uns erneut
würdest du mich ansprechen?
würde ich es tun?

Elisabeth M. Jursa

Kunterbunt

Ein Maler malt
mit Mal-Gewalt
ein Aktmodell,
wie es sich aalt,
ganz ohne Hemd,
doch Kunst-gehemmt.
Die Staffelei ernst aufgebockt,
den Pinsel nur die Farbe lockt.
Mit ihr füllt er voll Zartgefühl
des Fleisches Flächen, stumm und viel,
im Sinn von Rubens, Makart auch,
quillt hier der Busen, dort der Bauch.

Darüber schwebt das Antlitz mild,
dafür die Haarpracht lockig wild.
Die linke Hand hält blaue Trauben,
die rechte streichelt weiße Tauben.

Und in der Ferne duftet frisch
viel lila Flieder liederlich.

Die Kunst ist bunt.
Die Kunst ist frei.
Der Muse ist nicht wohl dabei.

Auch wenn sie sonst in Stilen schwelgt
voll Blütenpracht, die nie verwelkt,
so scheint ihr dieses Bild fatal.
Des Aktes Nacktheit ihr banal.
Die Trauben ihr und Tauben dumm.
Allein - so will's das Publikum.

Brigitte Pixner

Morgenlicht

nach durchwanderter Nacht
das Licht am Morgen
erst Ahnung nur
dann ein Erkennen

stetige Wandlung
und ein Fünkchen Hoffnung
ich wachse mit allen Sinnen
in das was ich sein werde

vom Tagesanbruch
bis zur Dämmerung
ahne ich das Licht
des nächsten Morgens

Elisabeth M. Jursa

Neumond

unsichtbar
und doch an seinem Platz
wacht über uns
überlässt das Funkeln
den Sternen

Elisabeth M. Jursa

Sonne, Christian Pauli

Ordnungsnarren!

Ordnungsnarren! Kapitalmönche!
Ihr Aufschwung-Schwestern!
Ein menschliches Leben lässt sich nicht abrechnen
In still hinterlassenen Häusern, toten Bankkonten,
in Erbschaften, Schulden
Ein Leben lässt sich nicht festhalten, noch einfrieren
in Zeitlupe

Da war und da ist weit mehr als ein gedehntes Opfern:
Diese Versuche wider alle Vernunft,
alle Lehren von Liebe
Ungewollte Gaben, Verzeihen und Wut auf die Irrtümer

Der Fluss ist wild, er nimmt uns tief in sich auf
Wir quellen empor, tauchen hinab, verzweifeln,
wir zweifeln
Wir straucheln, schnappen nach Luft
in reißender Schnelle
Erbeuten einen einzigen Blick
auf die dschungelhaften Ufer

Wir finden einander und halten eine Weile
unsere Hände
Verschenken Bewunderungen, einiges an
Grobheit und Hass
Von Puls betäubt treiben wir durch sachte Mäander

Erst nach dem Loslassen, nach jedem Abreißen,
jedem Knall
Nehmen wir neue Fahrt auf, wieder und wieder,
jedes einzelne Mal
Auch lange noch nachdem wir spüren,

es geht nicht mehr
Diese Kraft, sie ist zerrissen, uns verloren
Verdunstet wie ein Krug Wasser

Wenn ich einmal glücklich bin
Es annehme, weil ich nicht weiß, wie sehr
man das sein kann
Und niemand sollte meinen, er oder sie wüsste es
Dann weiß ich nicht, ob es nicht eine
betörende Leere ist,
Die mich mitnahm in einem Zuge mit meinem Traum
von Freude

Ob ich nicht erst glücklich werde,
Wenn ich ein Vogel, ein Adler bin
In einem fremden, anderen Leben
Mit meinen Muskeln die Schwerkraft erdrücke
Allem Irdischen unfügsam und fern, nicht allzu weit

Oder ob ich es wohl doch bereits bin
In meinem Körper, der hüpfen, tanzen kann
Einem Herzen, das schwebt und hungert
Staunend, wie jedes Gefühl flieht

Wie ein Anblick der Morgenröte
Wie die Stunden
Die Kindheit
Wie das Glück
Wie mein Leben

Mein Kind lächelte nicht
Es lachte aus sich heraus
In ihm wohnt im Überfluss
Worin ich mich stets versuche

Ein Leben wird durch Lebendigkeit gelebt
Im Fließen sachter Schwingung
Sie ist in ihm
Sie trägt mich ein Stück weit mit

Mein Kind lief nicht
Es hopste vor sich hin
Durch seine Welt in dieser Welt
Eine Frau und ein Mann, sie sahen es
Schlugen weich ihre Augen nieder

Es war ein Augenblick
Die Freude des Lebens am Leben selbst
Und du hast ihn erschaffen, mein Kind

Michael Beisteiner

Paradoxon

Nach Eichendorffs Mondnacht

Es war als hätt mein Leben
dich immer schon vermisst.
Als wär jedes Streben
vom Wunsch nach dir geküsst.

Die Tage gingen baden,
die Stunden floh'n dahin,
gab weder großen Schaden
noch jedweden Gewinn.

Am Kreuze wollt ich sterben,
mein Sein mir selbst verblich.
Da warst du's, der mir flüstert:
Wir! Das sind du und ich.

Eva Surma

Regen

endlich Regen am Fürstendamm
in ausgetrockneter Erde, neues Leben
aufgerichtete Grashalme
feuchtes Schimmern auf Blättern
versickernde Rinnsale im Unterholz
dunkler Glanz auf alten Bäumen
herabrieselnde Tropfen, in den Narben
aufgeplatzter Rinde, eingeritzt ein Herz
Erinnerung an eine Liebe, längst verblasst
durchsichtige Perlen zu konzentrischen Kreisen
Wasserspiel, ohne Ende still und gleichmäßig
auf der Oberfläche des nahen Flusses

Wie viel Trost, wie viel Schönheit
im hernieder fallenden Regen

Karin Schreiber

Schneiderei

Auf Glanzparkett
am Bügelbrett
im hellblauen Hemd
zieht er den Faden
weit in den Raum
misst den Saum
mit gelbem Band
sticht den Rand
stecknadelbunt
streichelt Stoffe
stapelt sie sacht
In der Nacht
hüllt er Damen
in purpurnen Samt
öffnet gewandt
weinrote Schnüre
Reißverschlüsse
verstreut Küsse
durchs Nadelöhr
Sieben auf einen Streich

Birgit Rietzler

Sehnsuchtsort

Weißer Sandstrand schier endlos,
blau-violett-orange-rotes Farbenspiel am Horizont;
dazwischen liegt es da, imposant ausgebreitet,
gestern stürmisch flutend, heute sanft wellig,
türkis bis schwarzblau trifft es aufs menschliche Auge
und ergreift auf Anhieb das sehnsuchtsvolle Herz:
das Meer – unergründliche Weite und Tiefe,
immerwährende Schönheit,
beruhigende Vollkommenheit;
ein weißes Segelschiff weit draußen
macht die Idylle restlos perfekt.

Blick zur anderen Seite, ins abendliche Dorf:
kleine Fenster mit dunklen Holzläden,
verschiedenartige rotbraune Dächer
auf zwei bis drei Stockwerken,
da und dort Dachterrassen mit wehender Wäsche;
inmitten des überschaubaren Häuserbestands
vor blau-grauer Hügelkette im Hinterland:
stolz emporragende Häupter von Palmen,
leicht bewegt in zärtlicher Brise;
über allem ein dunkelnder Himmel
mit rosa-lila Wolkenpracht;

hohe Bambusstäbe klappern im Wind,
ansonsten ringsum Atem beraubende Stille
und nahender Sonnenuntergang.
Susanne Rödl

Vollendet

Nacht liegt über dem Land
Überall kehrt Ruhe ein
Das Licht gelöscht
Im Einklang
Begehren, sehnsüchtig, erwartungsvoll
Nur noch:
Wir beide!
Berauscht von Lust und Liebe
Unser beider Leidenschaft
Du und ich
Glückseligkeit
Nur du, nur ich, nur wir!
Liebestrunken
Nur noch:
Wir beide!
Sinnestaumel
Vollendet

Susanne Ulrike Maria Albrecht

Vollmondfrauenleben im Dachstein Land

Um die Gletscher des Dachsteins
In Wäldern wurzelnd zwischen steilen Hängen
Unter der Stille des Hallstättersees
Auf keltischen Gräberfeldern
(Geister der Alten verfolgen kopfschüttelnd unser Tun)
Tanzen in verschwiegenen Vollmondnächten
Hexen, Wildfräulein, Rockmusikerinnen
Ihr Lachen hallt durch das Salzkammergut
Bricht empor aus Nebeln der Jahrtausende
Tost stürmisch über einsame Gipfel, verwachsene Täler
Preist den ewigen Atem der Erde.

Gesänge der Erde, wilde Frauenjagd im Salzkammergut.
Michael Benaglio

wie die feuerwehr

Schnell wie die Feuerwehr
auf ihrem Weg
zum Einsatzort
möchte ich für Dich sein

Auf meinem Weg
von Nirgendwo
zum Paradies
bei Dir.

Mutig wie die Feuerwehr
auf der Suche nach Leben
in einem brennenden Haus
möchte ich für Dich sein

Auf der Suche
nach Wunden,
die Du vor allen
verheimlichst.

Stetig wie die Feuerwehr,
die immer kommt,
wenn man sie braucht
möchte ich für Dich sein

Dietmar Füssel

zum Frühstück

servierte ich bunte Träume:
nächtliche Bilder aus einer intimen Sammlung verewigt
unter den Augenlidern...
und ein Glas Orangensaft mit einem sonnigen
Butterkeks

zum Mittagessen
kochende Gedanken
im siedenden Kopf
und einen roten Apfel direkt aus dem Paradies
eine Suppe aus weinroten Rüben mit Teigmuscheln, die
den Gesprächen der Gäste lauschen
ein Glas Wein voller Schreie und einen Goldfisch in
einer Soße gewürzt mit Sünde und Vegeta
zum Nachtisch einen salzigen Kuss

die Jause
war bescheiden: ein Glas frischen Tau mit Eis mit einer
Scheibe Vollkornbrot mit Honigstaub von Bernstein
und Nachsinnen über den vorbeiziehenden Tag, den ich
fleißig in der Küche verbrachte

zum Abendessen
einen Csárdás in Wiegenlied Tonart mit einer dicken
Scheibe Mond bestäubt mit Sternen und goldenem
Staub ein Schlafmittel ein Lebenselixier grünen Tee mit
beigemischter Süße,
damit die herannahende Nacht nicht allzu
schwerverdaulich wird

    Marzanna Danek
    aus dem Polnischen von Renata Załuska

Am Sandstrand

ich bin Welle
ich bin Gischt

ich bin Weite
ich bin Meer

ich bin Stimme
ich bin Laut

ich bin Himmel
ich bin Licht

für immerdar

Waltraud Zechmeister

Fluss und Bäume I, Christian Pau

Gelb

Drei Schritte noch

Drei Schritte noch und die wirst die Morgenröte wecken.
Drei Schritte noch.

Drei Lichtstrahlen noch und du wirst fruchtbar sein.
Drei Strahlen noch.

Drei Augenblicke noch und du wirst die Augen öffnen.
Drei Augenblicke noch.

Drei Schritte noch. Drei Strahlen noch.
Drei Augenblicke noch.
Du wirst den Staub abschütteln.
Du wirst frei sein.
Du wirst du sein.

Claudia Solis Haje

(aus dem Spanischen: Christine Schadenhofer)

Herbst im August

Noch flimmern sie in der Hitze
Schon gelb geworden zwischen den noch satt-grünen
Schon zu schwer geworden für die leichte Sommerbrise
Flattern sie – sich überschlagend – den
hohen Stamm hinab
Es scheint, sie winken zum Abschied den verbliebenen,
grünen.

Claudia Taller

Der Wald in Kinderfarben

Der Wind greift heut mit beiden Händen
tief in seinen Farbenkasten.
Er malt sein Bild, weil er es kann.
Er schleudert, reibt und bläst hinein
in Blätter, Harz und Stamm
den leuchtendhellen Schein
aus Funken, Glut und himmelhohen Bränden.

Brennt Grün zu Purpur und Zinnober,
Weiß lässt er ins Gelbe fauchen,
Orange und Rot weht hoch ins Blau.
In diesem Sonnenuntergang,
der brodelt, qualmt und staubt,
zerknistert Laub und Farn
als wär es spät, sehr spät schon im Oktober.

Hellrot, marineblau und rosa
war'n auch unsre Kinderbilder.
Auch wir feierten Farbenfest
und ließen keinen Krümel Blau,
von Rot nicht einen Rest.
Das machte uns nichts aus.
Wir malten dann mit Schwarz, Oliv und Ocker.

So schwinden auch dem Wind die Farben,
malt nur noch mit Blei und Kohle.
weil er nichts anderes mehr hat
als Dunkelheit, Nacht und Asphalt.
Am Rand des Bildes fällt ein Blatt.
Doch ruhig steht der Wald,
blickt regungslos auf seine Feuernarben.

Auch ihn stört's nicht, dass Farben fehlen.
Er verzeiht dem Wind sein Wehen,
und dicken Ruß auf Baum und Strauch.
Der alte Wald, der Wind und Brand
oft kommen sah - doch gehen auch -
er sieht sein schwarzes Land.
Und wird sich bald schon neue Farben geben.

Jürgen de Bassmann

Ein Ingwergelb
auf großer Fahrt

Von hoch, aus Süd, Süd nach Südwest:
Ein Ingwergelb auf großer Fahrt,
in einem Meer aus Kinderaugenblau.
Es dreht nicht bei, es macht nicht fest.

Es geht den Weg, den es zu gehen hat.
An seinen Flanken sprüht die Gischt.
Es steigt herab, es blendet, brennt.
Die Abendflaute streicht die Wellen glatt.

Matrosen streuen Flittergold
mit vollen Händen auf die See.
Sanft schwebt es überm Ankerplatz,
die hellen Segel werden eingeholt

und Flammenleinwand hoch an jeden Mast gebracht.
So havariert das Feuerschiff
- wie jeden Tag - mit einem weichen Horizont.
Dann glüht es, lautlos dröhnend, bis es sinkt.
Und über Kinderaugen legt sich Nacht.

Jürgen de Bassmann

Erste Schwärze / Sommerregen

der regen erinnert mich an sätze
die ich   niemals ausgesprochen
in die luft geworfen habe

  er trägt mein herz   auf seiner
zunge   die sich schwer   durch
dicke tropfen   ungelenk   zum boden
streckt

  von hier   bis zum ende der schwärze
liegen lebzeiten   doch ich
löse mich gerne auf   in der
redsamkeit des regens
        Philipp von Bose

Farben

Farben
Und Narben

Geh ans Ende
Um es zu Ende
Zu fürchten

Narben
Und Farben

Sophie Reyer

Malerei, Christian Pauli

nornenfäden

das bettzeug zu fetzen zerreißen,
fäden ziehend.
gespinste zerreißen zu
nüchterner nützlichkeit.

abgewitterte schicksale, verwaschene leben,
und am rande die fäden, verwicklungen
gespenstischer spinnerinnen.
liebeslaken, leichentuch - die
ausgekochten dünste vieler jahre,
vergessene leben,
zerschlissene träume gekommener
und gegangener.
nornenwerk.

Christl Greller

Ich male dir Bienen Libellen Käfer

Ich male dir Bienen Libellen Käfer
hörst du wie sie summen brummen
Halme Stängel male ich, hörst du wie sie zittern
von den Erdstrahlen leicht getroffen
Das Feld male ich in Altgelb. Der Sommer trägt es
schwer am Rücken, lädt es aus vor deinen Füßen
dick trage ich die Farben auf
sie dringen zu den Wurzeln, vermischen sich,
verwurzeln
und die Farben wechseln die Farben, wachsen
sprießen zum Leben,
das Leben ist Farben atmen, fühlen
Kein Messer kann sie wegkratzen
Wenn einmal ein Gerüst da –
Das Bild wird dir summen, rauschen
Hörst du es schon?
Das Bild, das Feld so nahe an dir, so tief mit dir
verwachsen und du noch immer klein
mit den nackten Füßen im rötlich warmen Staub

Irena Habalik

Im Wald

Wie wir da neben ihm stehen, das Flüstern
der Blätter belauschen,
das Wiegen der Zweige belauschen, dieses Wiegen
im Herztakt
des Ewigen, wie wir auf den hinter uns
schwärmenden Pfad zurück -
schauen, zum Himmel hinaufschauen, der seine
Farbtöne einsaugt,
wie wir da stehen an dieser Stelle, in dieser Stille,
Minuten zählen,
uns seine Träume erzählen, ihm einen Namen geben,
wie du die Hand
auf meinen Arm, seinen Arm legst, an meiner,
seiner Brust horchst.
Wir wissen nicht, was wir sind, was wir suchen,
hier zu dieser Stunde -
deine Wurzeln fühle ich wie die seinen,
die warme Rinde fühle ich
wie deine Haut, umarme ich dich, umarme ich
den Baum.
Der kühle Rauch und das Rauschen legen sich
über den Wald.

2

Die Erinnerung wird einmal aus ihrer Falte
jenen Tag hinauswerfen,
als wir da standen, ich sein Grün aus
deinen Fingern leckte,
die frisch gespannten Blättchen

aus deinem Mund küsste,
wie wir da waren stimmlos und keine Ahnung hatten,
woran wir lehnten;
Kiefer, Buche, Lärche, wie dieser hellrötlich grundierte
Tag
in uns eindrang, die Saiten berührte,
ein Symphoniehauch.
Wir fragten uns, was wir wussten, fanden wir eine
Stelle der Erleichterung? Der Erläuterung?
Wollten wir ihn beschützen?
Vor wem? Unserer Zudringlichkeit?

3

Und jetzt sind wir hier, wie damals, vor uns der Sand,
das Grau.
Im Himmel, wie in einem blauangehauchten Spiegel
sehen wir ihn,
den Baum, wir stehen erschöpft von der endlosen
Schöpfung, er wächst
jetzt im Himmel, wir sehen uns dort, leicht,
klein, mit ihm vereint

Irena Habalik

Ist es der Götter Zorn

Ist es der Götter Zorn,
wenn es donnert, wenn es blitzt?
Oder sollen wir uns freun,
wenn es leuchtet und kracht?
Wohl liegts an mir, wieder mal,
wie ich sie deute für mich, die

grausame, wunderschöne,
schmutzige, vielfältige,
übel riechende, wohl duftende,
karge, bunt blühende,
lärmende, klangerfüllte

Welt
um mich herum.
So soll es sein.

Matthias Gruber

Nachtjuwel

Sie fädelte sie auf
eine nach der anderen
glatte, dunkle Perlen
am Collier
ihrer schlaflosen Nacht

Gedanken
die sich nicht denken ließen
Träume
die zu schwer wogen
um sie zu ertragen

In jede der blanken Kugeln
blickte sie hinein
und fand in allen
winzig und kopfüber
ihr Spiegelbild

Dann zerschnitt sie das Band
und die Perlen rollten
hinaus in die Dunkelheit
während sie saß und wartete
dass ihre Nacht verging

Kaia Rose

Weichenstellung

Es war ein stürmischer Tag
In dichten Geschwadern
trieb der Regen
Veränderung vor sich her

Als ich am Morgen
die Augen aufschlug
und aus dem Fenster blickte
ergriff mich die Angst

Die Welt verdunkelte sich
und stellte alles in Frage
was mir im Sonnenlicht
selbstverständlich erschien

Doch im Herzen des Sturms
wurde ich plötzlich ruhig
und fand mich unversehens
in meiner Mitte

Aus meinem Gestern
erwuchs ein Morgen
aus meiner Furcht
ein Hoffnungstraum

Und vor mir tat sich
ein neuer Weg auf
An seinem Ende
fand ich das Licht

Kaia Rose

Aufbruchstimmung

Ich will tanzen
Über taufeuchte Wiesen laufen
Von Wolke zu Wolke hüpfen
mit dem Regenbogen leuchten

Ich will mich spüren
in jedem Atemzug
Will hoch und weit sein
und alles überfliegen

Ich werde nicht
im Hier und Jetzt verharren
Ehe ich stehenbleibe
hebe ich ab

Alle Sicherheiten
lasse ich hinter mir
Und breche auf
ins unbekannte Morgen

Kaia Rose

Meer sehen

Mehr sehen
als die glänzende Oberfläche

Mehr spüren
als den Sog von Macht und Ruhm

Mehr schmecken
als den faden Einheitsbrei

Mehr hören
als das Gerede von Neidern und Spöttern

Mehr werden
als ich erwartet hatte

Meer sein und
grenzenlos
Kaia Rose

Wüstenritt

Im Angesicht der Weite
wird es ruhig in mir
Kein Gedanke an gestern
Keine Sorge vor morgen

Zwischen windgefächerten Dünen
fallen die Dinge
eines nach dem anderen
an ihren Platz

Was groß war
wird klein
Was jetzt war
wird immer

Und du und ich
wir sind nichts
als ein winziges Stück
Unendlichkeit

Kaia Rose

Nachahnung

als wäre
unsere langjährige
gemeinsame Zeit
nur ein Moment
gewesen

als zähle
rückblickend einzig
unser Empfinden davor und
als gäbe es kein Dazwischen
unser Empfinden danach

Claudia Dvoracek Iby

Das Glück der langen Jahre

Mein Glück kostet nicht mehr die Welt.
Es ist klein geworden und macht sich manchmal
sogar rar, rar, rar, rar, krächzt die schwarze Rabenschar.

Tatsächlich wirkt vieles mittlerweile unscheinbar.
Unscheinbar die Freude an einem Guten Morgen!
Unsichtbar mein Lächeln im Schlaf. Doch es wirkt.

Ich sehe, sehe einsichtig, wie das fast geleerte Glas
wieder voller wird. Nicht voller Jahre, aber voll
mit Augenblicken, die gerade richtig sind.

Gertraud Steiner

Der schiefgewachsene Riesenbaum

Er steht schief, aber er wächst,
seit langem, im rieselnden Regen
Kopf hoch bei Sonnenschein
und trutzig bei Sturm und Wetter
in die Höhe, darüber hinaus.

Der Stamm wurde gebeugt
die Rinde ist zerfurcht
so mancher Ast gebrochen
Er blieb stehen. Weil er kämpft, heißt es
Weil er seine Grenze sucht, sagt man.

Der schiefe Riese im Tauernwind
ist in Wahrheit ein schmiegsames Kind
Geborgen im Sturm, vertraut mit allen Wettern
ein Schneedach, Vogelnest, ein Bild des Friedens
Er trägt so leicht und schwerelos in sich
die Mitte der Welt.

Der Blitz hat seinen rissigen Stamm gespalten.
Der schiefe Riese pfeift darauf und strahlt besonnt
vor lauterem Frieden
Zufriedenheit.

Gertraud Steiner

wenn man lange und gemeinsam

wenn man lange und gemeinsam
gleichen schrittes gegangen ist
und einer dann zurückfällt
und man sich anpassen muss
schließlich stützen
schließlich trösten
bis irgendwann gar nichts mehr ...
dann haben wir unser ziel erreicht
wo immer wir zu stehen kommen.

Peter Sonnbichler

Wipfel, in Bewegung

von sich und ihrer kraft erschlagen
legt sich die hitze müde hin
ihr leises seufzen dringt zu mir
in einem warmen   hellen gold

   das rauschen all   der grünen
riesen   mischt sich mit   dem
hellen quietschen   eines alten
wetterhahns   nun hat sich
der wind gedreht   hin zu
kühlen zeiten

   ich atme meinen abschied
und all die wärme   dankbar aus
     Philipp von Bose

Grün

Schilf I, Christian Pauli

Herz

Du hast die Verbindung
hergestellt
hast uns fest verbunden

ohne dich hätten wir uns
vielleicht nichts zu sagen
würden auf der Straße
aneinander vorbeigehen

uns nicht einmal bemerken.

Karin Gayer

Vorahnung

Das Blattgold liegt schon hier nieder,
der Löschteich dümpelt dahin,
was oben grau ist unten Helle
Viel Frohnatur macht jetzt viel Sinn.
Seerosenblätter drängen
sich blütenlos zum Uferrand.
Das Schilf dahinter steht gar strenge
und raschelt leis durch Windeshauch.
Kupfern hängt noch Laub ganz oben,
Pappeln zieren diesen Teich,
zeigen himmelwärts, nach oben,
denn bald kommt die kalte Zeit.
Finster scheint es und gar stille,
vieles ist dem Tod geweiht.
Doch der Wandler lässt uns grüßen:
Neues Leben keimt bereits.

Sonja Henisch

Kaskaden

Dir begegnen
an mystischen Orten

am Wasserfallboden
Kaskaden voll Licht
betrachten

das Laub unter meinen Füßen
spricht deine Sprache

ich streife durch Endloswälder
nehme die schmalsten Pfade

immer auf der Suche nach dir.
Karin Gayer

Cesar Manrique Fundacion, Lanzarote, Foto T. Zimmermann

Der freiere Blick

Auf der ausgetretenen Gedankenbahn
eine Allee pflanzen
auf Linden und Kastanien klettern
und die Aussicht genießen
den freieren Blick

was lass ich in mich rein
was bleibt draußen

die Geister vertreiben
weil sie ja nur Geister sind

meine Wurzeln betrachten, die
mit der Erde verwachsen
wie die der Linden
wie die der Kastanien.

Karin Gayer

Gehen wir, Bruder

gehen wir, Bruder,
ein letztes Mal
die vertrauten Wege
und sammeln wir unterwegs
unsere Erinnerungen auf
die hellen und die dunklen

gehen wir, Bruder,
den stillen Fluss entlang
über die Holzbrücke, die schmale
gehen wir barfuß über unsere Wiese
und langsam ein letztes Mal
die steile Anhöhe hinauf

gehen wir, Bruder,
und lassen wir all das hier oben
was sich von uns lösen will
unsere vielfarbigen Gedankenbilder
fliegen werden sie – uns voraus
so hoch und weit sie möchten

Claudia Dvoracek Iby

Der Baum (Eins)

Zu träumen, man flöge   — so fühlt sich die
Nacht für mich an.

Die Zeit
ist nicht mehr,
hat sich
ausgedreht.
Minuten hängen
im Raum und
berühren dich
nicht.

Du siehst da: winzige Lichter,
Bewegungen im Dunkel.
Ein Lichtspalt, der bleibt,
wenn sie deine Zimmertür zugezogen hat —
dabei schläfst du noch gar nicht!
Du liegst weich
und warm.

Hinter der Tür passt jemand auf und
im Haus ist alles gut.

Du liegst   weich
              und warm.

In manchen Nächten
macht er für dich Theater:
Schattentheater.

Tausend stumm raschelnde Blätter
in Nachtwind; dicke Äste,

und Standhaftigkeit –

der Baum im Garten; ein Riese.

Sophia Magdalena Wichelhaus

Birkenwäldchen, Christian Pauli

Der Baum (Zwei)

Der Baum im Garten, der nachts
Bilder aus Scheinwerferlichtern und Dunkelheit
an die Wände deines Zimmers malt —

                                   Protagonist
                    deiner nächtlichen kindlichen

Theaterfreuden,

                                 (die sich dann
mit Träumen

                       mischen und noch
                wuscheliger
            und kuscheliger
       und diffuser
    werden).

Seine Arme haben tausend Kinder,
     tausend!

            Tänzerinnen, Raschelwerk,
            Windfutter—

Unter ihm liegen
alle die Haustiere: bestimmt
vier Katzen,
zwei Hunde,
zwölf andre Wesen (zumindest!) —

um die Hunde
habt ihr mehr geweint.

Sie wurden in weiße Laken gewickelt;

in tiefe, dunkle
Aushebungen gelegt,
und es war schlimm,
das Weiß langsam
verschwinden zu sehen:
unter schwarzer Erde,
unter dunkler Schwere.

Sophia Magdalena Wichelhaus

Der Baum (Drei)

Einmal,   im Winter,

       hat sie
          Wege
             gegraben

durch den Schnee —
der lag so hoch!
Du warst noch klein und wie
                      in einem
weißen Labyrinth,

                  weißem Nichts; über
dir
              das schwarze Geäst,

       deine ewige Aussicht — eine ganze
Kindheit;

     und die Raben.

Im Sommer dann
leckte das Lagerfeuer am Baum, ließ ihn
klebrig triefen: eine Wunde,
so lang wie dein Kinderkörper —
schwarz ausgebrannt, später
vom Besitzer eingefasst mit
dickem Rindenschild.

Schwarzes Gewächs,
wummerndes Baumleid.

Weit oben:
das Baumhaus, wo die Großen spielten,
Blödsinn trieben – Nägel im Holz;
Hände, die sich stützten aufs Geäst,
unachtsame Kletterkinder –
euch alle hat er getragen,
euer Baum.

Sophia Magdalena Wichelhaus

Der Baum (Vier)

Jedes Jahr trug er hunderte Nüsse in schwarzen fauligen
Schalen, manche
noch vor den Tänzerinnen abgeworfen,
die dann schon tot
und tanzmüde sind,
aber fallen und tanzen im Wind —
einmal noch.

            Die kalten Nächte kehrten zurück,
                das Licht wurde

                    wichtiger,

            du lagst weich und warm.

Eine Hand zieht die Tür zu; der Riese ist kahl —
und nicht tausend Zitterblätter, sondern
dicke Spinnenbeine! — werfen
ihre knorrigen Schatten und werden nur
vom lautesten Wind bewegt; erzittern auf seltsam starre
Weise —

            nicht wie die Tänzerinnen davor,
                        und danach,
                    und immer wieder, und
jedes Jahr.

  Deine ganze Kindheit.

Du sahst gebannt hin, wenn du lagst: weich
und warm, in dieser blauen Samtwelt, die schrie

und dämpfte
zugleich.

Und die Hunde starben, und die Katzen starben,
und die Dunkelheit hüllte dich ein, dich Kind,
hielt dich beschützt, so wie sie, und er.
Wie du die Kleinen. Wie der Baum die Tänzerinnen,
und die Graberde darunter den Baum —
            diesen Riesen.

Sophia Magdalena Wichelhaus

1179 Symbiose III 2022, Gabriele Bina

Die Nacht

Langsam flüchtet
der Tag hinter die Berge
es ist als käme
die Nacht
leise durch die Tür
und küsste wie eine Mutter
sanft ihr Kind
sie zieht ringsum
ihren dunklen Vorhang

Bäume neigen sich
nach vorne
Vögel werden still
und lauschen sacht
Dunkelheit legt sich
auf die ganze Natur
der Wald atmet still
und ruht
die Nacht lauert auf
den Tagesanbruch
sie verliert sich
nach und nach
bei der Umarmung
der Vergangenheit
und Zukunft

Nahid Ensafpour

Die Schönheit der Nacht

Steig in dies Boot - noch, Herz, hast du Zeit
Dich wiederzufinden, das Boot steht bereit
Den Mond zu berühren, der tief in das Meer
Eintaucht seine Seele, von Ängsten nicht schwer

Ewig schon ist der Mond dein Gefährt
Wonach deine Seele in Nächten begehrt
Er näht dir Gewänder aus buntestem Garn
Aus Träumen, die einstmals dein Wimpernschlag warn

Steig ein, mein Herz, du pochst wie noch nie
Die Stimmen der Welt, sperr sie ein und entflieh
Den grauen Gesichtern, so grau wie ein Stein
Dies Boot steht bereit, Herz, fass Mut und steig ein

Kennst nicht das Ufer, kennst nicht dein Ziel
Doch spürst du die Weite, es war nie so viel
Erwartung in dir, denn der Sturm stürmt hinaus
Die Stimmen aus dir, du kehrst wieder nach haus

Spürst du den Wind des Meeres, in sich
Verbirgt es die Sehnsucht, ernährt sie, Herz, sprich:
Suchst du nicht manchmal schlafwandelnd nach ihr
Wonach du gesucht, Herz, es ist alles hier

Steig in dies Boot, es fährt dich dorthin
Wo Bäume sich wiegen in tieferem Sinn
Der Mond dich entführt in die Schönheit der Nacht
Hier verliert jeder Schmerz seine Macht

Ilona Daniela Weigel (-Benning)

Ein Kind weiß nicht:

die
Scheibe
über mir der
Mond ist dein Gesicht
flüstert mit
warmem Atem mich
zudeckt
und schaukelt dein Arm
wiegt mich

dein Gesicht über
mir
wenn Wellen sich überschlagen
meine Heimat ist dein
Gesicht

ein Kind weiß nichts vom Tod
ein Kind trinkt
von deiner
Nähe

Renate Katzer

ein kinderhändchen zu halten

ein kinderhändchen zu halten
und zu gehen
irgendeinen kleinen weg
das hält deine welt in balance.
wie vorsichtig du das kleine
auch zu führen glaubst
in wahrheit führt es auch dich.
nichts sträubt sich.
du lässt es mit freude geschehen.

Peter Sonnbichler

platanus acerifolia,
lueger-platz

was da unter dem asphalt
und hat sich verbreitet von einem samenkorn aus.
dicke wurzelfinger ins erdreich gekrallt, eine
halterung für jahrhunderte, hinweg über
unvorstellbare entwicklungen.

darüber aber das laubdach. himmelstreifend.
und schirmen die äste von straße zu straße,
verdunkeln die ganze breite des parks ...
ast-bäume, waagrecht gespreizt.

tier-bewohntes schattengeheimnis.

mutter aller bäume, riesenmutter, die arme
schirmspeichen-spannend.
blicke verirren sich
im chlorophyll –
aufgehen in der natur.

Christl Greller

Grün

Grün
hellgrün
dunkelgrün
kleeblattgrün
froschköniggrün
eisgrün graugrün
wassermelonengrün
tannengrün moosgrün
zartgrün schlammgrün
nebelwaldgrün schilfgrün
gelbgrün giftgrün blassgrün
grasgrün blaugrün lindgrün
algengrün blattkäfergrün
rauchgrün frühlingsgrün
buschböhnchengrün
wollgrün jadegrün
stachelbeergrün
elfenhutgrün
erbsengrün
efeugrün
Grün

Birgit Rietzler

Hölzerner Methusalem

Wo sich die Kalkalpen erstrecken,
da sieht man einen stolzen Baum
die Krone in den Himmel recken,
der ist so alt, man glaubt es kaum.
Fünfhundertsiebenundvierzig Jahre
macht er es sich dort schon bequem.
Sein Alter grenzt ans Wunderbare:
Ein hölzerner Methusalem!
Auf vierzehnvierundsiebzig weisen
die ersten Jahresringe hin.
Ein Bohrkern konnte jetzt beweisen,
dass dieser Rotbuche Beginn
in eine Zeit fiel, als soeben
der Buchdruck erst erfunden war.
Den Sämling hat es schon gegeben,
da war noch völlig undenkbar,
eh man Amerika entdeckte,
dass man die neue Welt bereist,
entgegen älterer Aspekte,
dass unsre Erd' die Sonn' umkreist.
Im Kreise ihrer Artgenossen
trotzte die Buche Sturm und Frost,
ist jeden Frühling neu gesprossen,
und bot dem Waldgetier zur Kost
die fetten Eckern. All die Jahre
hat sie im Urwald überlebt,
sodass, damit man sie bewahre,
der Mensch den Wald zu schützen strebt.

Dass Bäume so lang überdauern,
lässt Menschen ehrfurchtsvoll erschauern.

Franziska Bauer

In Verbindung

Manchmal
nicht gerade selten
trennen uns Welten
kostet es uns Überwindung
wirklich
in Verbindung
zu gehen
es wird herausfordernd
wenn wir der Verlockung widerstehen
dem Unbehagen
der Angst und dem Zweifel nachzugehen
denn Kontakt
ist grundsätzlich sowieso
immer auch ein Risiko
und dennoch suchen wir Menschen Verbindung,
sie ist unersetzlich
obwohl wir uns damit verwundbar machen
und verletzlich
manchmal fühlt es sich an, als würden wir
auf Eiern gehen
wenn man/frau weiß, meine Ecken und Kanten, Narben
und Schatten sind von hier aus nicht mehr zu übersehen
Also gilt es die unterschiedlichen Bedürfnisse
und Grenzen
zu verhandeln
wie nah?
wie lang?
Bleibst du da?
Bleib ich da?
Aber bei all diesen Unsicherheiten und Eiertänzen
in diesem Akt, zwischen Integrität und Kooperation
zu balancieren

und manchmal auch dem Risiko, sich zu verlieren
zwischen Abgrenzen
und ineinander
verschwimmen
lässt sich vielleicht ein Miteinander
gestalten, bei dem alle gewinnen

Und man muss wissen:
echte Intimität
verlangt Integrität
und dennoch ist da gleichzeitig die Möglichkeit,
sich in Verbindung, im Kontakt zu verwandeln
und was daraus wachsen kann
spürt man/frau daran
ob wir uns fühlen
wie zwischen den Stühlen
oder gut aufgehoben
im Wissen, dass diese Brücke, dieser Boden hält
dass man/frau darauf bauen kann
vertrauen kann
und spürt, hier kann man/frau wagen, sich zu zeigen
dann wird der Eiertanz zu einem gemeinsamen Reigen
und einem Verneigen
vor dem Mysterium von
ICH DU WIR und WELT

Ulli Moschen

Liebe kann

Einen Sack Stroh
zum Leuchten bringen.

Sind es Wolken,
die die Berge umkreisen?
Ist es die Regenfrau,
auf die der Stein
hingegeben wartet?
Sind es die Wogen,
die den Felsen brechen?
Oder die Felsen die Wogen?
Ist es nur Kies
unter den Fußsohlen?
Und was wird aus dem Schaum
der türkis-rosa Wellen?
Das Rosa der Wellen
sind die Spiegel der Berge rundum.

Liebe ist das Licht,
das auf den Wellen
deines Herzens
tanzt und glitzert.
(Erkennst du den Nikolaus
am Ende des Weges?)

Claudia Behrens

Neubeginn

Still, leise und zaghaft wird es grün.
Nach der unendlich langen Zeit
des Graus und Schmutzigbrauns.

Der Frühlingsputz der Natur hat begonnen,
die frischen Farben mit dem Pinsel
der Jahreszeit farbig aufgetragen.

Gabriele Bina

Sonnenuntergang, Christian Pauli

schwarz schimmert durch die fingernägel

schwarz schimmert durch die fingernägel
gartenerde
und in den rillen von fingern und händen:
schwarze erde von der gartenarbeit.
dreckig sagt man. ungepflegt.
aber ich wasche meine hände heute nicht
ich warte tagelang vielleicht
bis alles nach und nach abbröselt
von schwarz zu grau zu alltagsganznormal.
ich will erde aus der es wachsen kann
an mir um mich haben.
mitzuwachsen mitzublühen
vielleicht gar frucht zu tragen.

Peter Sonnbichler

Schillerpark

Mit Feuereifer
liest es sie auf
an diesem strahlend blauen
Wintertag
das Töchterchen

Lose Kalenderblätter
vom vorletzten Jahr
vom Wind
in alle Richtungen verstreut

Jonathan Perry

Wetterfühlig

Mit deinen Wasseraugen
greifst du in den Strom,
gespiegelte Bäume im Schnabel,
und die Welt
löst sich in Rätseln,
bleibt keine Federspur
im Holz zurück.

Im Grasatem
hängst du zwischen Luftwurzeln
und letztem Licht,

auf der windabgewandten Seite,
unter dir Böschung und Kies.

Sigune Schnabel

Die wilde Narzisse

Märzenbecher nannte dich die Mutter,
die dich umhegte, Stroh auslegte, um
deine grünen Spitzen,
schlanke Finger, die du spitz aus der Erde strecktest,
einzudecken.

Der Winter ist noch nicht gebrochen, sagtest du,
als deine Osterglocken bereits
die schöne Zeit einläuteten.

Sechs sternförmig abstehende Blütenhüllblätter
umstehen die Nebenkrone. Das liest sich bescheiden,
gegen den Glanz, der sich dabei so prachtvoll hermacht.

Hundert Sonnenkinder, die sich
zu einem einzigen Strahlen
versammelt haben. Frühling ist, rufen sie!
Kommt in den Garten!

Die Märzenbecher der Mutter, damals, sage ich heute,
in ihrem Garten, das war. So wie die Sonne trinkenden,
goldstrahlenden Becher in allen anderen Gärten.

Heute suche ich anderes. Es ist die wilde Narzisse,
die mich lockt, die selten gewordene, die umgürtet
von dürren Halmen, in lichten Wäldern steht.

Verzauberte Nebensonnen, aus totem Laub strahlend,
euer Spiegel ist der weite Himmel, der sanft fächelnde,
einschläfernde Wind ist euer Freund.

Du fragst nach deiner Schwester,
der weißen Dichternarzisse,
ich höre es flüstern, ein wisperndes Echo
hinter den Bergen.

Ihr seid viele, jede für sich, artenreich, hervorstechend,
in Gruppen zusammenstehend, aber doch einzeln.
Verbunden über eine schwarzhäutige Zwiebel
im dunkelfeuchten Erdreich, hundertkronige Wasserfee.

Gertraud Steiner

P. SUBRAMANI, BINDU-ART-SCHOOL©

Weg im Herbst

verlöschend
die Wärme der Sonnentage

vorbei
am Hochmut
der Farne der ränkeschmiedenden

auf der Lichtung
das Reh
liest aus der Hand
des Windes

Häuser
verschlossen
kein Licht mehr
pocht ans
Fenster

abendliche Kühle
um die Schultern

Heimweg

Renate Katzer

Weggeheimnisse

Führten mich
zwischen den verirrten Häusern
der winterdunklen Stadt
die gegen den tiefen Lauf der Sonne lebte
eines nebellastigen Nachmittages
in kristallene Höhen

trugen mich
Riesen zu den prunkenden Schneepalästen

angehäuft ein Schauer
funkelnder Sterne
geschmolzen
in meiner Hand

Renate Katzer

zurück in den zaubergarten.

zurück in den zaubergarten.
von den zahnlosen gärten will ich weg
wo nichts sticht oder kratzt
kein gift dich gefährdet
keine schlange dich beißt
kein ast dich erschlägt.
ich will einen garten auf teufel komm raus
auf leben und tod
mit heilloser freude zwischen den beeten
und wild wuchernden verlassenheiten ...
und arbeit muss sein
mit werkzeug und händen
und manchmal auch schwer
immer aber wie im spiel.
mein garten muss ungezügelt sein
ungehobelt unverschämt
so dass ich immer staunen darf.
und wenn ich einmal nicht mehr weiter weiß:
dass er mich nähme an der hand
dass er mich führe
wie ein kind.

Peter Sonnbichler

Himmelblau

Kirchturm, Christian Pauli

Du

Der Wind trägt deine Gedanken
weit fort.
Aber wohin?
Deine Stimme,
so dunkel wie die Nacht,
erfrischt wie der erste Morgentau
und legt sich als ein unsichtbarer
Schleier über die Natur
mit all ihren Wundern aus.
Wie Samt, so weich
füllt sie die Atmosphäre auf
und breitet sich nach allen
Himmelsrichtungen aus.
Liegt mit Wohlklang in der Luft
und erfüllt so vertraut
Zeit und Raum.
Du bist wie eine seltene,
geheimnisvolle Blume,
die den Duft
der Liebe mit sich trägt.
Deine Worte sind kristallklar,
rein und wahr.
Dein Atem liegt wie Rauhreif in
der Luft.

Susanne Ulrike Maria Albrecht

Bin Poet des Unendlichen

Bin Poet des Unendlichen
Pflücke reife Früchte
Von den letzten Weinstöcken der Mutter Erde.
Michael Benaglio

Weingarten, Christian Pauli

Impressionen am Seelen-See

Die Halme mit Namen Auferstehung grüßen vom Ufer
herüber.
                         Der Winter scheint in ihnen
Unterschlupf gefunden zu haben

Alles ist durchwebt in nach oben offener Weise

Das sommerliche Ausatmen ist nun der bestimmende
Duft.

Hellmut Bölling

P. Balachandran, BINDU-ART-SCHOOL©

Das Weinen der Fische

Lauschen
Wieder und wieder
Bis das Wort sich öffnet
Wie eine Blume

Lernen zu schweigen
Zu verweilen
In endloser Stille
Zu ertrinken
Bis das Meer
Dich wieder freigibt

Du Farben hörst
Das Weinen der Fische
Dich in die Tiefe zieht
Dich singen lässt
Ohne Ton

Ilona Daniela Weigel-Benning

Die Nacht dehnt sich leis'

Die Nacht dehnt sich leis'

in die Tiefe des Raumes
die Mondsichel glänzt
vom Erdschein zum Kreis ergänzt
in der Krone des Baumes.

Einen Augenblick
zögert der Reiher, als er
den Wanderer sieht
dann fliegt er gelassen auf
fort über herbstbraunes Ried.

Reinhard Dellbrügge

Flügel sollen
wieder wachsen…

Flügel sollen wieder wachsen,
kommt und helft uns doch dabei
manche sind so festgewachsen,
da hilft nur noch Hexerei.

In der guten Hexenküche,
gibt es Pläne schon dafür,
viele wahre, alte Sprüche,
sie sind brauchbar auch hierfür.

Doch auch neue sind jetzt brauchbar,
regen auch das Wachstum an,
wenn auch manches ist noch unklar,
doch man arbeitet daran.

Was lässt große Flügel sprießen,
diese Frage stellt sich dann,
die die Weite auch genießen,
nicht nur einfach dann und wann.

Welche Zutat kann auch lösen,
Flügel, die verheddert sind,
die im Fliegen leicht zerbröseln,
und nicht halten Stand dem Wind.

Eine Zutat könnte heißen,
Achtsamkeit fürs Federkleid,
nicht die Federn abzureißen,
das wär wirklich nicht gescheit.

Und man muss ein Wachs verwenden,
das die Klebkraft in sich trägt,
welches leicht ist anzuwenden,
doch auch einen Sturm verträgt.

Und man muss auch früh beginnen,
wenn die Flügel klein noch sind,
säubern, pflegen, sich besinnen,
ist zu lehren schon dem Kind.

Ihm zu sagen, da sind Flügel,
ohne Flügel bleibst du blind,
hebst dich dann nicht über Hügel,
auf der Erde tobt ein Wind.

Flügel sollen wirklich wachsen,
kommt und helft doch alle mit,
löst euch, bleibt nicht festgewachsen,
macht mit uns den ersten Schritt.

In die gute Hexenküche,
es steht wirklich sich dafür,
lernt mit uns die Zaubersprüche,
die auch brauchbar sind hierfür,

für die guten, weiten Flügel...
Ingonda Lehner

Die dies finden seien
von uns gegrüßt

Die dies finden, habt ihr gesagt, seien gegrüßt!
Hört unsere Stimmen flüsterten sie
Hört sie im Licht des Morgens
Das kühl über eure Augen fließt
Hört uns in der zitternden Luft über den Feldern
In der Hitze des Mittags
Und im leisen Rauschen der Blätter Im Abendwind
Hört ihr sie im der der Stille, dort
in den dunklen Wäldern

Vom Glück der Sekunde
Still steht der Birnbaum im Garten
Vom Kirschbaum rinnt das Harz
Wie Bernstein braun und gold
Ein Apfel liegt im warmen Gras
Der Nachmittag liegt still auf Feld und Wiese

Schau hinauf, über den Kronen der Bäume
leuchtet es blau
Dort hörst du die Stimmen aus anderen Reichen

Eva Meloun

Gedicht auf Wunsch

Es ist Zeit für ein schönes Gedicht, sagst du
Zeit zu den Wurzeln zu gelangen
an die Erdkruste zu klopfen bis sie locker
wird antwortet
Zeit die Bäume zu umarmen Steine zu streicheln
Spuren im Schnee zu hinterlassen
für späteres Erinnern
Zeit die Windbraut unter dem Gelände
mit warmen Worten zu besänftigen
die Finger auf die Lippen zu legen, nein zu sagen
wenn ja versagte und umgekehrt
Zeit neue Farben und Klänge über die Dächer
zu gießen
das ewige Raddrehen zu unterbrechen
Zeit für die Reparaturen
im Keller am Schädel und in der Welt, der beschädigten

Irena Habalik

Mein Lächeln grenzt an die Unendlichkeit

Wieder
Trittst du mein Lächeln in den Schmerz
Und ein sterbenstiefer Riss
Durchwandert weinend meinen Mund

Atmet Blut

In tiefen Zügen

Ein und aus
Doch wird alles gut:

Hier ist die Nadel
Und hier ist das Garn
Und selbst die tiefsten Wunden
Finden Frieden irgendwann
Wenn das Herz sich nicht verschließt

Und mein Lächeln grenzt an die Unendlichkeit
Ilona Daniela Weigel-Benning

Else*

Meine Wange
In der Schale
Deiner Worte
Ganz warm

Im Schoß der Gedanken
Du sprichst
Trost
Ins Nichts hinein

Solange dein Kuss mir bleibt
Werde ich lieben
Ist auch die Antwort
Vielleicht nur der Tod

* Antwort-Gedicht auf Else Lasker-Schülers „Weltende"
Ilona Daniela Weigel-Benning

gern bin ich dort

gern bin ich dort
wo alles anfängt
wo geschichten beginnen
wo ein wort ein atemzug
wo ein lächeln noch alles entscheiden kann.
wenn menschen einander erkennen
wenn kinder geboren werden
oder kälbchen katzen
wenn pflänzchen keimen ...
wenn größtes erwacht
und man zugegen ist
kommt etwas wie andacht
und man wünscht rückhaltlos gutes
und fängt auch selber wieder
ein wenig von vorne an.
man segnet und will dem leben wohl
und beginnt zu verstehen wie sein entsteht
und was vielleicht noch bliebe
dort wo wir ende sagen.

Peter Sonnbichler

Geruch der warmen Räume

am morgen schon   aus
tiefstem
schlaf   fühlt sich das licht
verjüngernd an

   mir entfallen alle namen   die dieses
leuchten schillernd trägt

   in der luft   liegt etwas warmes
voll von gräsern und gerüchen   mein
atem ist den mohngebärden   nah
mit nackten füßen

   nur das wasser   blinzelt kühl
dem großen stern   entgegen
      Philipp von Bose

lebens–zeichen

von den siegen will ich nichts wissen.

stimmzitternd
spreche ich worte,
rotkehlchenleise,
brüchige brücken zwischen
dingen und sein.
herzzitternd fühl ich
das leben
im singvogelei
und im gedicht.

Christl Greller

Skulptur, Tanja Zimmermann,
Meereswacht

Paradies

Wo wird es sein, wo finde ich es
kommt es zu mir oder ist es indes
am Firmament zwischen den Wolken gelegen
spüre ich es bei lauem Regen
steckt es am Himmel im Sonnenschein
gewährt mir Geborgenheit, niemals allein
Oder ist es indes ein riesiger Wald
den ein einzelner Sinn zusammenballt

Ist es ein Stein oder ist ein Baum
Weggefährten in einem Traum
ein riesiger Baum der mich aufnimmt
die Krone zum Dach mir zusammenspinnt
wie wird es riechen, wie wird es schmecken,
kann ich den Mund nach oben recken
Salz oder Zucker, Essig und Zimt
der Geschmack, der Geruch ich hoffe es stimmt

Nimmt mich auf wohin ich gehöre
Gutes, Gerechtigkeit worauf ich schwöre
das Paradies ist da, doch ich sehe es nicht
der Weg dorthin ist hinderlich
wo geht es lang, wer weist mir den Weg
geh ich allein, wo ist der Steg
ich muss es erkennen,
vielleicht zu ihm rennen
oder auch schwimmen
den Baum muss erklimmen
denn alle Wege führen dorthin
man muss sie nur sehen, dann macht es Sinn
der Weg ist weit und nah zugleich
ist steinig und steil, dann leicht derweil

und wenn man glaubt es geht nicht mehr
dann stimmt der Weg und führt dich her

Ellen Norten

Sonnen-Streifen, Christian Pauli

sprich leise

sprich leise
wenn du ehrlich bist
und lass deine worte wie tropfen
eines nach dem anderen
in meine seele fallen.
wenn nichts mehr ist
zwischen anfang und ende
und nichts mehr zwischen mensch und mensch
dann
wenn ein wort fällt
fällt es schwer.

Peter Sonnbichler

Sternenschiff

Fühle ein Sternenschiff im Tosen des Sturms
Sternenschiff
Geblähte weiße Segel geschmückt mit Friedenszeichen
Stampfend durch Wogen tosender Jahrhunderte
Sternenschiff beladen mit in Aspik eingelegten Träumen
Eichenfässern voller Sehnsüchte -
In unserer Zeit
Gepeitschte Wäldermelodien, berstende Fensterscheiben
Existenzangst quillt aus kalten Schornsteinen
Versteckt unter gefrorenem Wurzelwerk Fink und Amsel
Doch da oben in der Sturmgötter entfesseltem Rasen
Fühle ich das Sternenschiff umgeben von ewigem Glück
An seinem Steuer Aphrodite
Tanzend durch den Orkan der Gezeiten.

Sternenschiff
Sternenschiff
Ich hoffe dein Kurs
Bringt dich zu mir.

Michael Benaglio
(BM, Wintersonnenwende)

Unsere Nachbarn am Dorfrand

Die frechsten fraßen uns die Weintrauben fort
die schmackhaftesten
an nur einem Wochenende, da wir nicht hier waren
um die Amseln im Zaum zu halten.
Die sauren ließen sie uns
hoch droben an der Hauswand,
wo sie an einer Robinie entlang geklettert waren;
die Amseln lasen sie dann wohl im November
wenn alles andere geerntet war
und wir mit ihnen
nicht mehr wegen der Isabella stritten
(die war zu Marmelade verkocht).

Manchmal stoben sie richtiggehend scheppernd
auf einen los, wenn wir ihren Hof betraten;
nur vor dem Feuerdorn, dessen rote Früchte
wir missachteten, gab es keine Konkurrenz.

Im Spätsommer versteckten sie sich
zwischen den Feigen
und sobald wir wandern waren oder einkaufen
stürzten sie sich auf die reifen, aufgeplatzten
mit ihrem schamlos rot-pickigen Fruchtfleisch.
Im Winter erblicken wir sie nur selten
obwohl sie ja nicht verreisen
manchmal hören wir sie ein wenig
prophylaktisch zetern;
im Frühling dann wieder
werden sie uns
als gute alte Nachbarn bekriegen.

Der Apfelbaum mit seinem breiten Kopf
schenkt und Kompott und Freude;
eine Sünde wärs
die süßen Früchte auf der Wiese
verfaulen zu lassen.

Die Maroni auf der Straße
waren an einem Tag
vom Sturm gepflückt.
Am Nachmittag früh schon
von den Nachbarn sortiert;
die grünen Igel lagen leer
dann im Gras.

Unsere drolligsten Nachbarn sind die Speckis
wie sie wild quer übers Faludital stürzen,
einer mal los, dann die andern hinterher
und umgekehrt - Halbstarke, etwas füllig
mit silberblau glänzendem Schmuck, stets scherzend
krächzend im Stimmbruch, heiser;
drei sind's, manchmal vier
erfreuen sie uns mit ihrem wuchtigen Flug
die Eichelhäher.

Der eitle Pfau von der Badekasse
bespiegelt sich tagtäglich
in den Fensterscheiben;
die weniger blaugrünen und stolzen Hühner
picken gemütlich Röhrl-Salat und Mais.

Unsere buntesten Nachbarn, die Blumen
bringen sich selbst dar als Geschenk
meist für die Augen
manches Mal selten sogar als Wohnzimmerschmuck.

Wir bringen ihnen dafür Respekt
entgegen und Demut vor der Natur.

Die hitzigsten Nachbarn
(ärger als die Amseln noch)
sind die Eichhörnchen
die nicht von der Fahrbahn weichen
die kleinen Ärmchen in die Hüften gestemmt
(so sahen wir's)
verweigerten sie die Durchfahrt
durch ihr Terrain.
Bis wir ausstiegen und verhandelten.

Unser blauer Nachbar, der Wind
stürmt pfeifend durchs Tal,
vielleicht auch sinds die Huftritte
der wilden Jagd, auf der Suche nach den Männern
die grundlos die Holunder fällten.
Vor kein modernes Gericht gestellt
werden diese Frevler
zu höherer Rechenschaft gezogen.

Die schönsten Nachbarn sind die Bussarde;
der Himmel ist ihr Haus
und der Wald ihr Revier;
keine Grenzen kennen sie
doch grüßen sie freundlich
wenn wir höflich zu ihnen hochblicken
mit einem schrillen Pfiff.

Der edelste Nachbar ist der Wald
er kann scherzen wie ein Clown
im Herbst in orange-rotem gelben Kostüm;
eigentlich ist er traurig
was taten wir ihm ja an...

Doch so aufrecht wie er steht
inspiriert er uns
mutig zu sein und uns nicht zu beugen
vor dieser seelenlosen Ära
in der man keine Zeit zu kochen hat
weil man Fotos von Menüs verschickt
an zehntausend Freunde
die niemals trösten
und sich selbst Blumen kauft
und seinen Namen in den Sand schreibt
aber keiner da ist
der Halt gibt;
wie wenigstens der Wald
er ist der älteste von uns,
der weiseste
(selbst da, wo von Menschen gepflanzt
hat er diese bereits überlebt).
Wir können gar nicht dankbar genug sein
für sein Holz und seine Herzenswärme.

Mein liebster Nachbar ist der See
selbst wenn er nur im Sommer
in unseren Breiten weilt:
im Winter zog er fort unters Polareis,
die Gänse flogen über ihn schnatternd
auf ihrem Weg in V-Formation gen Süden;
da wären wir ihnen gerne gefolgt.

Manfred Stangl

wie könnte ich beschreiben dieses himmelsblau

wie könnte ich beschreiben dieses himmelsblau
dieses lächelnde weich bergende
endlos lockende
milde blau?
und wie das grün der wälder
das an den rändern sich mischt
mit allen farben
die einen menschen trösten können
und wege zeigen
ruhig zu gehen?
wie könnte ich beschreiben die ewigkeiten
der farben der erde
mit all ihren tönen
die duften und wachsen versprechen
und heimat?

Peter Sonnbichler

Yggdrasil

Vor Äonen
Jahrmillionen
haben wir uns entschieden
dieses Königreich zu bewohnen
Und unser erstes Bewusstsein war
knorrige Form
Eine mächtige Mitte
tief verwurzelt und verzweigt
wir haben uns
die Krone erhoben -
vor unserer eigenen Schöpfung verneigt
jedes Zeitalter ein Atemzug
jede Inhalation
eine Inspiration
jede Exhalation
eine neue Generation
aufsteigende Säfte
Mammut-Kräfte
Und nach oben hin
grazile Formen geboren aus dem Tanz zwischen
Gravitation
und Levitation
unser Haupt ein rauschendes Blättermeer
flüsternde Fülle
im Selbstgespräch versunken
Poesie aus Chlorophyl
gebar einen Namen:
Yggdrasil
Und im weiter Verzweigen
träumten wir von noch mehr
als uns in der Schöpfung selbst befruchten
wir erschufen Sehnsüchte
und begannen etwas außerhalb uns selbst zu suchen

das den Geschmack unserer Früchte
erkenne
Wir wollten noch andere Namen kennen/rufen
doch mit dem anderen
kam von weit her noch etwas
anderes in die Welt
langsam keimend
aber nicht aufzuhalten
sich mit uns vereinend
um sich dann abzuspalten
denn es, das andere
divergent
wurde virulent:
da war Neugier
auf das was Ygg nicht kennt
erst eine Union
die Idee von etwas Neuem in der Welt
die dann zerfällt

Die nackte Wahrheit?
Eines Tages
auch das Zeitalter her
wurde der Baum gefällt
es hieß
er durchdringe alles
anstatt zu erkennen, dass er alles enthält
und alles hält
seitdem geht ein Riss durch die Welt
seither altert die Zeit
seitdem ist das Gleichgewicht erschüttert
oben und unten sind verdreht, zerrüttet
und seitdem
falle ich
und auch wenn es mir nicht gefällt
kann ich nicht aufhören
mit dem Fallen

also scheint es
musste ich Gefallen daran finden
am Fallen
und an den Gefallenen
selbst an den Fallen
die uns dazu bringen
nicht mehr Fülle zu gebären
sondern nur noch
Gefallen zu gewähren
immer am Ausgleichen
immer am Ausweichen
um nicht der Schwerkraft zu erliegen
und auch nicht davonzufliegen
und auch nicht aufzufliegen
mit unseren Überlebensstrategien

Aber wenn du ganz Ohr wirst
und dich nicht ablenken lässt
falls du eine neue Göttin daraus gebierst
kannst du das Echo meines Sturzes
vernehmen
das ferne Rollen
das Donnergrollen
eines vorbeigezogenen Unwetters, Gewitters
durchzogen manchmal vom Gelächter
des Zwitters
seit dieser weltenerschütternden Eklipse
warnt jede Geschichte
erzählt von einer drohenden Apokalypse
und angebliche Engel
lassen die Pfeile nur so schwirren
erzeugen winzige Haarrisse
und sorgen dafür
dass wir unsere Schöpferkraft selbst torpedieren
dass wir uns weiter in der Zeit verirren
und den Weltuntergang

immer und immer wieder
reinszenieren
Teufelskreise
erzeugen
statt unsere Heldenreise
zu bezeugen

Aber auch wenn meiner ersten Gestalt
Gewalt
widerfuhr
ich habe nie aufgehört zu atmen
ich bin im Mulch und Moos aufgegangen
und hab einen Weg gefunden
das ewige Fallen aufzufangen
indem ich fortfuhr meine Atemzüge zu vertiefen
während die kleinen
fünffingrigen Luftwurzler schliefen
meinen Odem in alle Ritzen blies
und mein Bewusstsein sich nie selbst verließ

Jetzt keimt Neues
vielfach
keine neuer Weltenbaum
sondern neue Welten
in denen die alten Kräfte:
Schwerkraft
Rhythmen Zyklen
und Schönheit
wieder walten
und die alten
Gesetze und
statt der Zeit
die Gezeiten
wieder gelten.

Ulrike Moschen

Dunkelblau

Kirche, Christian Pauli

Gold

Du bist Gold
wertvoll, glänzend und kalt
Versuchung und Leidenschaft
Hingabe und Kraft
Tag und Nacht
Dem Himmel so nah
So weit entfernt wie ein Stern
Regen und Meer
Der Wüstensand
Atem und Sturm
Intrige und Reinheit
Liebe und Hass
Stillstand und Tanz
Ketten und Freiheit
Nah und fern wie die Heimat
Du bist Wahrheit

Susanne Ulrike Maria Albrecht

Hinter den Wolken

Hinter den Wolken, ja da liegt der Strand,
komm, flieg mit mir in das kostbare, reine Land!
Hinter den Wolken sitzen keine Ideologen,
hinter den Wolken thronen keine Firmenbosse,
hinter den Wolken wird getanzt und gelacht,
und jedes Wesen wird mit Liebe bedacht.
Es ist dort egal, ob du Mann oder Frau,
ob du Tier oder Blume, Gras oder Baum,
eine jedes ist göttlich, vollendet und ganz,
dazu braucht man keinen wissenschaftlichen Firlefanz.
Komm. Flieg mit mir in das kostbare, reine Land,
die Buddhas warten schon und reichen die Hand.

Sonja Henisch

Osterspaziergang, Carmen Wagner

All ein

Der Himmel
ist blau
das Meer
bewegt
Sand umspielt
meinen Fuß
und die Sonne
blitzt
über das Wasser

wo wäre
Raum
für ein Bedauern
über Unausweichliches

wo fände
eine Klage
über Alleinsein
eine Stätte.

Peter Reutterer

Sacrum

Im Gotteshaus
zur Ruhe kommen
während in den Betbänken
Kreuzfahrer ihre
Messages checken
und lauthals
Eroberungspläne
diskutieren

unbewegt davon
vor mir Santa Maria
in zarten Farben
über dem Hochalter
mit feinem Strich gemalt
sie ergab sich
in Gottes Hand

Peter Reutterer

Ankunft am
weiten Sommer-Meer

Das Bündel der Sonnenstrahlen scheint sich ins Blau-
Ewige hineinzuergießen,

wie ein Ankommen in einem geweiteten Zuhause.

Hier öffne ich mich ganz und werde allmählich auf
ozeanische Weise beschenkt.

Zweifelnde Blicke des wie ein Krebs im Sand zuckenden
Egos verlieren sich im Alltags-Grau.
  Hellmut Bölling

Skulptur, Tanja Zimmermann Einkehr

ein blauer herbsthimmmel

ein blauer herbsthimmmel
macht vor gar nichts halt
er spannt sich immer auch
quer durch unsere seelen.
als ob unablässig riesle
aus einem gewaltigen blauen sack
frohsinn und hoffnung
direkt ins gehirn.
der blaue himmel hält uns in stabiler harmonie
und wir schweben in glück ohne zu kippen.
herbsthimmel bleib doch
bitte noch ein stündchen
mach uns lachen
ertränk uns in der freude deines blau!

Peter Sonnbichler

Die Fee

Du bist eine Herbstfantasie, geboren von den Eichen.
So wie der Regen erfüllst du heute die Ritterlichkeit.
Und Sterne der Ungestörtheit bedürfen deines Urteils.
Gedanken über Glut sind unermessliche Ewigkeit.

Bemooste Grabsteine auf dem Friedhof
bleiben doch allein.
Du singst wie die Saatkrähe verlorenes Lied von Barden.
Ich liebe Kants Himmel – er, der Träumer eingedenk,
ist mein.
Dich verehrten, du holdseligliche Fee, die Druiden.

Wie ein gestriger, erfrischender und flammender Regen,
du, inspiriert wie der zärtlich-träumerische Erlkönig,
erzählst Legenden-Mythen, dem Jenseits nah,
das Schwert tragend.
In das Spieglein der Urewigkeit bohrtest
du deinen Blick.

In Gewölken der Heimat gehen Träume in Erfüllung,
wenn deine romantische Träne, sehnliche Feenzähre,
bezaubert die ganze Welt
des traumbetörten Morgensterns.
Meine Fee, dein Lied ist im Großen
und Ganzen das reinste.

Um Mitternacht tragen dich, voll Zaubers,
die Traumfittiche,
wenn tausend Könige der Eichen-Erlen schön erwachen.
Spatzen und Meisen denken, sich sehnend,
an deinen Himmel,
erfüllt mit dem numinosen Staub des Sternes-Kometen.

Die Denkmäler der uralten und trunkenen Natur
besingen in dem Glück deine unverwelkliche Freiheit.
Du bist, die Fee, die lichte Führerin der Natur-Mutter
durch die wie ein zarter Mythenglanz
erträumte Ewigkeit.

Paweł Markiewicz

V. SUNDARI,
BINDU-ART-SCHOOL©

Ein Mann legt einen Weinberg an...

Gedicht in Anlehnung an Mk 12, 1-12

Ein Mann legt einen Weinberg an,
legt einen Zaun herum,
und arbeitet ganz fest daran,
und sieht ihn fertig nun.

„Wie schön er doch geworden ist",
denkt jetzt der Mann für sich,
„der Weinberg trägt, das ist gewiss,
trägt Früchte bald für mich."

Er ging dann in ein andres Land,
verpachtete sein Gut,
vertraute dieser fremden Hand,
Vertrauen lag ihm gut.

Zur Erntezeit er schickt dorthin,
den Knecht und sagt ihm noch,
den Anteil bring aus dem Gewinn,
ich schon darauf auch poch.

Die Winzer packten diesen Knecht
und jagten ihn dann fort,
die Winzer hatten wohl verzecht,
den Anteil, er war fort.

Das geht so nicht, sagt dann der Mann,
und schickt noch einen Knecht,
vielleicht er ihn doch bringen kann,
den Anteil, der gerecht.

Doch dieser auch, er wird verjagt,
die Winzer schlugen ihn,
er sich nicht mehr zu fragen wagt,
und flieht nur mehr dahin.

Dem dritten Knecht erging es gleich,
mit leeren Händen flieht,
zurück zum Herrn, dem es nun reicht,
er nichts als Schaden sieht.

Vielleicht, so denkt er dann für sich,
ich schick den Sohn dorthin,
voll Achtung vor ihm sicherlich,
die Winzer doch dann sind.

Doch sie erschlugen seinen Sohn,
der Erbe er ja war,
sie sahen vor sich nur den Lohn,
das alles so geschah.

Und nun ein großer Weiser spricht:
„Was glaubt ihr, macht der Mann,
er mit den bösen Winzern bricht
und er sie tötet dann?

Und glaubt ihr, dass er anvertraut,
sein Grundstück andern dann,
und andere damit betraut,
und noch vertrauen kann?

Ich sag euch, ja, das macht der Mann,
den Baustein nicht verwarf,
als Eckstein doch noch dienen kann,
und er vertrauen darf..."

Ingonda Lehner

Auferstehung

I fiori sono morti
sono coperti di neve
seppelliti di chiaccio...
Ma verranno
colorati
belli
dall' altro mondo –
Giacchè nell'altro mondo
fioriscono tutti i fiori...

Weihnacht

Fragt nicht, wo der Stall sei –
über jedem von uns steht der Stern.
In unseren Herzen will das Kind
geboren sein und wachsen,
bis es die Wand unseres Ich sprengt
und sein Licht aus uns bricht
am Ostertag.

Altweibersommer

Der Wind
weht den Frauen
die bunten Schals
über die Schultern,
sie flattern und tanzen –
Altweibersommer
der anderen Art.

HAIKU

Weiß sind die Fluren.
Eine Spur ins Nirgendwo –
wo mag sie enden?

Ilse Viktoria Bösze

Göttlich

Die Begegnung
mit Donner und Blitz,
in morgendlicher Stille
von goldenen Strahlen durchzogen,
verstummt in Ehrfurcht
vor der Göttlichkeit,
wenn schimmernde Bedeutung
kurz zerbricht.

Gabriele Bina

Schneeflockerlrausch, 2023, Gabi Bina

hagazussa *)

die struktur, die
gewachsene, die
mutterstruktur, breit fließend.
dennoch kleinteilig –
jeder blick eine entdeckung.
ist myzel, schuppen von borke,
die zierlichen laichschnüre der kröten.
ist verwebtes, verwachsenes
leben. geheimes erbe der
hagazussa,
versteckt im
wuschelmoos zwischen tümpeln, wo
pflanzen anmutig treiben
wie ophelia.
und steigt feuchtigkeit auf, feiner dunst.
und kannst du sie sich bewegen sehen,
wenn nebel zieht:
die hagazussa - immer noch da
mit einer stimme, die
leisem echo gleicht.

*) „zaunreiterin", hexe

Christl Greller

Hautzeitmomente

Und da nehme ich den Atem - der keine Kraft hat – und verpulse die Zeit - in dem aufgescheuchten Rudel von Gedanken – und renne weg ins Versteck – wo Haben - ins Sein mir entgegenwirkt – aus mir heraus – so Honigkissen süß – und so Luftmeerparadies – und Himmelsstückfassade – und Wortlosigkeitskaskade – und Frohseinsbotschaft – mit aller Kraft - Stille – einfach der webende Wille – der sich in allem zeigt – und alles trägt - und keinen auslässt – und alles verwebt zu einem Muster- wie ein feines Atemgitter – das als Seismograph - in allen Wesen farbgesponnen ausgelegt – und jeden mit jeden verbindet – und jede Kluft und jede Trennung überwindet – das Maß ist voll – trinke – trinke ohne zu enden – lass es sein - bei dem einfachen Sein - das dir gegeben – und nicht aus der Hand nehmen – um sie mit Gerümpel zu füllen – lass die ausgewogene Freude - deine Wangen umspülen – mit Ansatz und Ziel in dir selbst – wie ein Wonnespiel - das keine Verluste streitig macht – nur was da ist - als Einsatz und Kraft – voll genügend Wonne schafft – in mir -in dir - glaube mir – da wird Honigseim und Blütenhain aus dir fließen – in die Höhe schießen – so groß wie du bist – jetzt im Angesicht der Freude -eingewebt in deine Zielseide – die durch deine Hände webt – und die Welt ausspannt – so fein - wie es der Mensch benötigt –
Die Gewehrkolbenzeit – mit dem unermesslichen Leid – wird ihm klares Tun - das auch aus seinen Händen lief - als er noch schlief – mit offenen Augen – das kann jetzt nicht taugen – er ist erwacht - mitten in sein Leben hinein – und die Flamme der Erkenntnis – hat ihn erleuchtet – er sieht das Tun und Leid – Zusammenhang – und seine Achtsamkeit ist jetzt bereit - neu zu beginnen – und er spürt ein Gewinnen – wo es keine Zahlen sind

- auf scheinbare Scheine setzte er noch - damit ist endgültig Schluss – das Glück außen zu erwarten – er hat die besten Karten in seiner Hand – er setzt nur an seinen klaren Lichtverstand – der alle Finsternis durchlichtet – so leicht gewichtet - als würde er schweben – nicht erst im Himmel - er spürt - der Himmel ist mitten im Leben – in dem er steht geht springt und tanzt – nur seine Sohlen noch erdenschwer – und sein Herz schlägt einen Takt - Gezeitenschwer – in der eigenen Brust - so eine Weite wie nie zuvor – Platz ist für jeden – wie am Firmament für jeden Stern – der Spiegel in ihm - glasklar – ganz ohne Gefahr – ihn zu zerbrechen – und die Welt - ist eine spiegelnde Fassade – die sein Tun birgt - und unablässig auf ihn wirkt – nie entkoppelt werden kann - nicht von Kind Frau und Mann –
Meine Kraft ist - vor den Augen aufgerollt erschienen – ein Wortfilm und Redegewinn – dem ich unaufhaltsam folge – nichts grenzt mich ab – schützt mich - nur Hingabe an das Tun - benützt mich – um mein Leben auszudrücken im Tun – und so folge ich in Erwartung - auf dem Fluss der mich trägt – und ganz selten beweget – oft nahe am Ertrinken – versinken – was weiß ich – doch alles Wissen kommt aus mir – als wäre ich ein Schrein – ein Tabernakel - das die Monstranz der eigenen Blüte birgt – und den Kelch - der sättigenden Speise mich nährt - aller Zweifel bar – nahbar und unablässig – Samen tragend die Hände regt – und in alle Augen und Herzen säet – behutsam Zeugnis ablegend – wie der Lurch - auf Fülle bestehend – die sich selbst gebiert – und atemfrisch - an deinem Tisch und Mahl ladet – dass die Hostie der Ganzheit - in dir auslegt - und dich und mich - im gleichen Rhythmus bewegt – auf unser neues Dasein zu – das keine Eile kennt – nur überall den Anfang nennt – ein neuer Anfang ist getan – so zünde mit dem Feuerschein - das Augenlicht dir an – und zünde - zünde alle an

Dorothea Schafranek

In meiner Hand

In meiner Hand
ein Stein
Fünf Finger
umschließen wiegen ihn
schätzen
seine Stärke ab
Bis in die Innenhaut
fließt die Wärme
Mit den Augen
erkunde ich
die wunden Stellen
Seine Lebenslinien
decken sich mit meinen
Unzählige
leuchtende Punkte
als wäre er von einem
anderen Planeten
Ein poröser
gewöhnlicher Stein
Als hätte er
Zuflucht gesucht

Irena Habalik

im inneren

im inneren
des leuchtens
verweilen
die angstfreien
die liebenden
ohne verglühen
versprühen
licht
und sich

Martina Sens

Liebe fließt
die Traun entlang

Liebe fließt die Traun entlang
Von wundersamer Quelle
Durch moosbedecktes Waldland
Nymphen singen an ihren Ufern
Zwerge tanzen lyrischen Reim.
Liebe fließt die Traun entlang
Gedichte zittern in zarten Blättern
Verse reimen in Wurzelwerk
Unter der Sonnenstrahlen wildem Lächeln
Gespiegelt in erwachendem Wald
Tanzen Faune zu wiederbelebter Bienen
Schöpfungsgesang.
Liebe fließt die Traun entlang
Und du, mein Schatz
Strömst mit ihr
Von den Quellen der Schöpfung
Zu heiligen Tempeln der Zukunft
Pulsierst du sinnlich ausgestreckt
mit der Nymphen Tanz
Blütensamen, Huflattichblätter, Moosgeschichten
Weiblicher Körper gebettet in Efeuvenushügel
Spendet kurzes Vergessen der neoliberalen Hölle
Strömen wir mit dem Fluss
Leise, sanft, plätschernd
Sirenen des Waldes lauschend.
Liebe fließt die Traun entlang.

Liebe fließt die Traun entlang.
Michael Benaglio

Des Schöpfers Werk

Wie fühle ich mich
eins mit der Natur
wo die Welt
das Lied der Liebe
singt
wo die Vögel
die Sinfonie des Seins
zwitschern

Der Schöpfer webt
das Netz des Lebens
die ewige Wiege
die uns trägt

Wie bedeutungslos
und nichtig
komme ich mir vor
ein unmerkliches
Geschöpf
und doch beglückt
da ich auch
zu all jenen gehöre
die mich
und die ganze Welt
vereinen

Nahid Ensafpour

Du der mein Herz bewohnt

Du der mein Herz bewohnt
Du der mich
und mein Leben beseelt
Du der mit mir lacht
und Dich nicht ängstigst
vor den tiefen Abgründen
meines Lebens
Dein Lächeln spiegelt
meine Freude
meine Tränen gehen Dir nah

Wenn ich einsam bin
höre ich Deinen Gesang
nur ein Hauch Deines Atems
belebt mein schwindendes
Ich

Die Melancholie
die oft mich beschleicht
die Suche nach
dem Sinn meines Lebens
bringen mich näher
zu Dir

Sodann kann ich die Welt
durch Deine Augen
anschauen
und komme aufs Neue
zurück zu mir
Nahid Ensafpour

Nasse Kleidung

es scheint nun alles kindlicher
zwischen den hohen regalen   und den
mächtigen möbeln   stehe ich
ganz klein und nass   noch umhüllt
vom duft des regens

   mir fällt es schwer
zu unterscheiden   wo haut und
kleidung enden

   ich streife sie ab und wärme
mich dort

   der heizkörper gluckert
in kindlicher sprache   am ort
wo ich noch träumen kann

   Philipp von Bose

Lebensglück

Und fühlen
was der andere denkt -
und spüren
was der andere fühlt -
und fühlen
was der andere spürt -
und lieben.
und vielleicht auch
ein bisschen reden -
danach und vorher.

Eva Jansenberger

Symbiose II, 2022, G. Bina

Wenn die Nebelgeister tanzen

Wenn mein Puls durch diesen Bach fließt
Angstbefreit und mein Gemüt
Warmes Weinen in den Schlaf wiegt
In der Schwärze neu erblüht
Wenn ein Traum der in der Tiefe
Liegt sich in mein Denken webt
Und mein Herzschlag sich ganz leise
Gegen ihren Hass erhebt

Wenn der Wind mich auf den Mond trägt
Und die Sterne mit mir träumen
Meinen Pulsschlag und die Tränen
Tröstend trinken aus dem Bach
Werd ich wissen dass ein Ort ist
Dass ein Ort und dass ein Tor ist
Und ich werde neu verstehn
Werd ich durch deine Augen sehn

Wenn die Nebelgeister tanzen
Durch den roten Sternenstaub
Und die misanthropen Geister
Unter buntem Seelenlaub
Betend für die Menschenkinder
Jedes Vogels Flügelschlag
Ihre Herzen auf den Mond trägt
Staunend wie am ersten Tag

Wenn das Nichts vor dieser Flut flieht
Vor dem Durst und vor den Träumen
Werd ich tiefer in mich trinken

Und ich rufe in den Mond
Denn ich weiß dass dort ein Tor ist
Dass ein Tor und dass ein Ort ist
Den dein stilles Herz bewohnt
Und den es sich zu suchen lohnt
Ilona Daniela Weigel (-Benning)

Licht im Blätterwerk

Licht im Blätterwerk
funkelnd mächtige Krone
Licht und Baum sind eins
Ilona Daniela Weigel-Benning

Wort

Dein Wort erklingt in mir
wie das erste Licht des Tages
sich in die Dunkelheit ergießt,
wie seine helle Stimme wächst
und alle Stille flüstern macht...

Sein Laut hebt mich empor,
aus dem klanglosen Schweigen
in den strahlenden Morgen,
aus der sternenlosen Nacht
in dein sonnengleiches Herz...

Es füllt mich leuchtend an
und wirft sein Flammenmeer
an mein wortloses Ufer
und schüttet seine Wogen
mir sanft in meine Hand...

Dein Wort ertönt in mir
wie die Sonne alles überstrahlt
und ihr Gesang die Erde weckt,
wie sie alle Sterne zu sich ruft
und sich in alle stille Nacht entleert...

Mario Kern

Sonnenfluss

In der Glut des Feuers,
das die Nacht vom Tage trennt,
leuchten meine Sinne
noch im dunklen Rausch
und fließen an den weiten Horizont...

Ich hebe meinen Blick
der flackernden Sonne entgegen
und halte sie in meiner Hand,
an der Schwelle zum Morgen,
wenn die Dunkelheit schmilzt...

Die Schatten verebben im Fluss
und versinken in seiner Tiefe
wie ein Tropfen in meiner Hand,
wie ein letzter Stern
am glühenden Firmament...

In der zeitlosen Mitte
zwischen Nacht und Tag
drehe ich mich im Sonnensinn
wie ein flammendes Rad
in die Dämmerung...

Mario Kern

Ich bin nicht die Quelle

Ich bin nicht die Quelle, ich bin ein Teil von ihr –
so
wie der Tropfen nicht sagen kann er sei das Meer.
Ich bin nicht die Seele, ich bin ein Teil von ihr –
so
wie das Licht nicht sagt, es sei die Sonne.
Ich bin nicht die Welt, ich bin ein Teil von ihr –
so
wie der Klang niemals sagt, er sei die Musik.
Ich bin nicht Gott, ich bin ein Teil von Ihm –
so
wie Gott niemals sagt, etwas könnte sein – ohne mich.
Ralph Valenteano

Wenn du tanzt

Wenn du tanzt, verbinden sich die Elemente zu einem
sinnlichen Reigen.
Sie gehorchen nur dem Rhythmus deiner Füße, und das
Beben deines Körpers
lässt die Planeten entstehen.
Du setzt die Räder des Universums in Bewegung
und mit jeder Drehung deines Körpers vergisst
sich die Zeit.
Wenn du tanzt verneigt sich Gott vor deiner
Herrlichkeit und küsst deine Stirn.
Die Schöpfung ist deine Gemahlin und du bist Ihre
Geliebte in diesem Augenblick
des Seins ist alles eins.
Ralph Valenteano

Ich küsste deine Angst

Ich küsste deine Angst und sie verwandelte sich in
einen Schmetterling.
Sie berührte das Runzeln deiner Stirn als du ihr
verwundert hinter blicktest,
flog hinaus durch das Fenster deiner Seele, hinaus in
die Welt deiner Träume.
Weit oben am Firmament blickte sie noch einmal auf
uns zurück und rief uns zu: „Danke!"

Trunken bin ich

Trunken bin ich von dir und deinem Tanze.
So, als ob jeder deiner Schritte Wein wäre.
Du hast die Mauern mit einem Lächeln überwunden.
Mein Torwächter kniete vor dir nieder:
„Sag, wer bist du?"
Und mein Engel flüsterte mir ins Ohr:
„Das ist die Liebe du Narr!"

Ralph Valenteano

Ein Liebender trank Wein

Ein Liebender trank Wein,
in Wein verliebte er sich.
O, berauschter Liebender,
wohin führt dich dein Verlangen?

Du lobst Weinreben, Weinberge
und sonnenverwöhnte Trauben.
Doch küsst du nicht die lieben Hände,
die den Samen gesät haben.

Den süßen Wein zu trinken
ist nicht schwer, jeder kann es schaffen.
Wahrlich die Aufgabe besteht darin,
den Gärtner kennenzulernen!

Klopfst du an diese Tür,
wird das Geheimnis des Herzens enthüllt.
Liebe führt dich zur Tür,
auf der anderen Seite steht die Liebe!

Die Sehnsüchte verschmelzen augenblicklich,
Schönheit bringt die Brust zum Brennen.
Das Wesen schmilzt dahin,
von der Quelle trinkt die Seele.

Es gab immer nur die eine Liebe,
sie war Zeugin der Einheit.
Sie vereint alle Welten,
baut Häuser und Brücken.

Aber, Liebender, denk daran,
zuerst muss dein Ich verschwinden.
Dann kannst du Liebe kennen,
die Liebe empfangen, die Liebe geben!

Damir A. Saračević

Herz des Herzens

Der Weg der Liebe ist geöffnet,
nur die Liebe versteht das Geheimnis,
führt die Gespräche mit der Stille,
das Herz des Herzens wird belebt!

Der Atem der Liebe verbrennt das Feuer,
ein Seufzer brannte in meiner Brust,
die Seele mit dem Licht verschmilzt,
das Herz des Herzens wird belebt!

Das Verlangen des Geistes reinigt die Bindung,
das ganze Universum umfasst,
mit dem ganzen Wesen küsse ich die ewige Flamme,
das Herz des Herzens wird belebt!

Wer kann den Verliebten verstehen,
tanzt im Kreis an der Spitze des Himmels,
in der Höhe, in der Tiefe,
das Herz des Herzens wird belebt!

Wen lobt die Ney der Liebe,
mit ihrem endlosen Lied,
wenn man stirbt, wird man geboren,
das Herz des Herzens wird belebt!

Du bist die Liebe, Du ewig Lebendige,
durch die Liebe sieht Dich der Verliebte.
Das stumme Gedenken erweitert den Blick,
das Herz des Herzens wird belebt!

Damir A. Saračević

Wie Glas

In einem Tropfen
geborgen liegt
die Wirklichkeit
eines Augenblicks.
Hebe ihn auf
mit deinen Augen,
mache ihn zum Spiegel
einer Welt aus
flüssigem Glück.

Elisabeth Singh-Noack

Aufbruch/Umbruch, Tanja Zimmermann

Verlassen belebt

In glühender Sonne
duldet und schweigt
die Ruine aus schwerem Granit.
In ihren Nischen
wohnt die Erinnerung
und Eidechsen huschen ins Leben.
Zärtlich umrankt
von tiefgrünem Efeu
mit lieblichem Duft
der erlöschende Abend
fällt ein
in stürzende Mauern.
Blauschwarze Nacht
sich tröstend legt
über die Vergangenheit
und Sterne glimmern
in Spiegeln.

Elisabeth Singh-Noack

Schwarm

Mit dem Kopf
im Nacken
staunen und schwärmen:
Werft euer
Fernweh
den Vögeln hinterher -
vielleicht kommen sie
mit neuen Ideen
zurück.

Elisabeth Singh-Noack

Ich stehe
auf Seiten der Engel

Ich stehe auf Seiten der Engel
der Bäume, Seelen und Segelfalter;
mit dem Dschinn der Fische
bin ich besonders verbunden
mag er auch der Anwalt der Möwen und Meere sein;
mein innigster Freund ist der Engel der Stille
der ist auch als Beschützer
der Siebenschläfer bekannt.

Der Buddha der Bettler
bietet den Reichen Erkenntnis
beten sie einmal nur aufrichtig zu ihm.
Der Bodhisattwa der Gläubiger
bangt um deren Demut und Geduld
sonst muss er im nächsten Leben
sie wieder erretten.

Der Avatar der Feigen kehrt in einem
Dornbusch lächelnd wieder.
Der Prophet der Mondin spricht zu uns
im Plätschern der Wellen und des Atems;
der Druide mit der Silbersichel
schneidet aus der Geschichte Eichen
und Fichten.

Gut befreundet bin ich mit den Bienen
ihr Werk scheint das sinnvollste dieser Welt;
weniger mag ich soziale Medien
man tauscht die Seele
gegen die Kinkerlitzchen der Mode

doch Aufmerksamkeit erfährt
nur der Astronaut.
Echtes Ansehen sollte die Amsel genießen
vielleicht auch das Waldveilchen und der Phlox.

Das Brimborium der Brombeeren jedenfalls
sollten wir kennen
und der Rede des Rettichs
voll Ernsthaftigkeit lauschen;
lau hingegen schmecken die Rezepte
der Immer-alles-Wissenden
denn die einzig Allwissende
und unversehens Unendliche
erscheint als Himmelsfrau
in ihrem langen Haar verwoben mit Wind.
Die Hüften grün mit der Erde verwachsen
und das Herz bergend jedes Tier jeden Halm.

Die Feen aus dem Westen
sucht man vergebens in den Wäldern
unter dem knirschenden Karst erstreckt sich
heute ihr Reich
bin hin an die Wurzeln der Meere
wo alles immer und ewig beginnt.

Nicht vergessen sollten wir
den Erzengel der Melodien
er ist der einzige
der alles und jedem vergibt
und steht damit den Bäumen am nächsten.

Manfred Stangl

Goldmeditation 2023, Gabriele Bina

Bios

Susanne Ulrike Maria Albrecht
hat bereits zahlreiche Werke veröffentlicht und wurde mehrfach ausgezeichnet. Beim vierten internationalen Wettbewerb „Märchen heute" belegte sie den ersten Platz.

Jürgen de Bassmann,
*1964, Ausbildung zum Sortimentsbuchhändler, danach journalistische Tätigkeit und Konzeptionstexter, heute im Finanzmarketing. Lebt im südlichen Rheinland-Pfalz – in Nachbarschaft zum französischen Elsass – und schreibt Gedichte und Storys. Initiator und Mitglied des Autorenkollektivs „Alles Literatur!". Sein Buch „Ich hätte tiefer schlafen sollen" ist 2022 erschienen (ISBN 978-3756276066). Mehr Infos:www.debassmann.de

Franziska Bauer,
geb. 1951, Studium der Russistik und Anglistik in Wien, wohnhaft im Burgenland, pensionierte Gymnasiallehrerin, Schulbuchautorin, schreibt Lyrik, Essays und Kurzgeschichten für Zeitschriften und Anthologien, zwei Lyrikbände beim Apollon Tempel Verlag, Gewinnerin des 10. Bad Godesberger Literaturpreises

Claudia Behrens:
Geboren im „Goldenen Kreuz", neun Tage nach dem Staatsvertrag. Traumatisierte, aber leider faschistische bzw. schwer nazistische Künstler- & Lehrereltern. Auf- und Durcharbeitung lebensbegleitend. Schreibe und male seit Kindheit u Jugend. Vier erw. Kinder, viele wundervolle Enkelkinder, Dipl. Lebens- und Sozialberaterin. Lyrik, Prosa, Drehbuch. Ich liebe griechischen und hawaiianischen Tanz, Tanztheater, Agni Hodra, Literatur und redliche Aufklärung - ausdrücklich NICHT Sensationshascherei und merkantile Fake-Aufklärung ... Mensch und Kosmos. A-dieu!

Michael Beisteiner,
geboren 1977, lebt als freier Autor in Wien und Serbien, wo er auch einen Bauernhof betreibt. Zuletzt erschien der Lyrik-Band zwischenlandungen. Sein bisher bekanntestes Werk ist das Kinderbuch Die kreisrunde Reise des Ika Wendou. Zurzeit widmet er sich der Arbeit an einem surrealistischen Roman.

Michael Benaglio
Leiter des „Forum Club Literatur" von 2005 bis 2016, zahlreiche Literaturlesungen und Publikationen, Mitherausgeber der Literaturzeitschrift „Pappelblatt", Chefredakteur der Literaturzeitschrift „Die Feder", literarische Auftritte bei Theaterstücken, zweimaliger Preisträger der Gesellschaft der Lyrikfreunde. Mehrere Buchveröffentlichungen: in der edition sonne und mond: „Der Ritt auf der Katze – phantastische Erzählungen", „Sonnenaufgang im Wasserglas, „Die fliegenden Pferde von Wien" und „Fin" 2022. Mitglied im PEN-Club und in weiteren Literaturvereinigungen.

Sophia Benedict:
Geboren in Russland. Universitätsabschluss mit dem Diplom für Publizistik. Arbeitete in Zeitungen, Zeitschriften, Radio und Fernsehen. Weiterbildung in Wien, wo sie seit 1984 lebt und arbeitet. Langfristige Akkreditierung als Journalistin und Pressefotografin beim Österreichischen Bundeskanzleramt. Zahlreiche Publikationen in Zeitungen und Fachzeitschriften, über 20 Buchveröffentlichungen in Deutsch und Russisch – Sachbücher, Übersetzungen, Lyrik und Prosa. Leiterin von Anima incognita Kulturverein.

Gabriele Bina,

Ausbildungen zur Textildesignerin, diplomierte Seniorinnenfachkraft, Klangschalenenergetikerin. Mein Lebensmittelpunkt ist die Tätigkeit als Malerin und Grafikerin. Die Kinder meiner Seele, sie erzählen – höre zu! Vernimm die stummen Worte. Fühle die Gedanken und löse sie auf.
Spüre, dann bist du eins mit Dir!

Helmut Blepp,

*1959 in Mannheim, Studium Germanistik und Politische Wissenschaften, selbständig als Trainer und Berater für arbeitsrechtliche Fragen; lebt mit seiner Frau in Lampertheim an der hessischen Bergstraße; Veröffentlichungen: vier Gedichtbände; zahlreiche Veröffentlichungen in Zeitschriften und Anthologien

Hellmut Bölling,

73, ist seit einem Schlüsselerlebnis in den späten Siebziger Jahren auf dem spirituellen Weg. Langjährig im Vorstand des Philosophischen Cafes Starnberg (www.Philo-Cafe.de) Autor beim Spiritletter (www. Spiritletter.de) Er lebt jetzt im niederbayrischen Bäderdreieck.

Ilse Viktoria Bösze

geb. 1942 in Wien; VS, HS, Einj. HHS, HASCH, Staatl. Stenotypieprürung. Kinder- und Jugendromane, Bilderbuchgeschichten, Kurzgeschichten in Anthologien und geschichtenbox.com, Gedichte.

Gabriele Bina,

Ausbildungen zur Textildesignerin, diplomierte Seniorinnenfachkraft, Klangschalenenergetikerin. Mein Lebensmittelpunkt ist die Tätigkeit als Malerin und Grafikerin. Die Kinder meiner Seele, sie erzählen – höre zu! Vernimm die stummen Worte. Fühle die Gedanken und löse sie auf.
Spüre, dann bist du eins mit Dir!

Manfred Chobot

*1947 in Wien. Von 1991 bis 2004 Herausgeber der Reihe „Lyrik aus Österreich". Redakteur der Literaturzeitschrift „Podium" (1992 bis 1999) und „Das Gedicht" (1999 bis 2002). Nur fliegen ist schöner. Gedichte (Löcker 2017); Franz – Eine Karriere. Erzählungen (Löcker 2017); In 116 Tagen um die Welt – Ein Logbuch (Löcker 2019). Homepage: www.chobot.at Wikipedia: https://de.wikipedia.org/wiki/ Manfred_Chobot Literaturport: http://www.literaturport.de/Manfred.Chobot/

Marzanna Danek-Hnelozub,

geb. in Krakau, Absolventin der Jagiellonen- Universität (Polonistik, Theaterwissenschaft. Lehramt).
Lebt in Österreich, unterrichtet die polnische Sprache an österreichischen Schulen in Niederösterreich und im Burgenland. Gründerin polnischer Bibliotheken in NÖ und im Bgld. sowie in Gefängnissen. Ihre österreichischen Schüler und Schülerinnen nehmen seit Jahren an Polnisch-Wettbewerben in Warschau teil, viele von ihnen gewannen Preise. Schreibt Gedichte, Aphorismen,Erinnerungen, Erzählungen, satirische Werke, Monodramen und Dramen, betätigt sich als Journalistin, Redakteurin der philosophisch-philologischen Zeitschrift „Aspekty",

Reinhard Dellbrügge,

geb. 1952, lebt in Steinfurt. Er schreibt Gedichte, Aphorismen, Kurzprosa, Rezensionen und Essays. Veröffentlichungen u. a. in Literaturzeitschriften und Anthologien. Mitglied der Deutschen Haiku-Gesellschaft.

Claudia Dvoracek-Iby,

geb. 1968 in Eisenstadt, lebe in Wien. Schreibe Geschichten, Gedichte und Märchen für kleine und große Menschen. Zahlreiche Veröffentlichungen in Literaturzeitschriften und Anthologien. Preisträgerin einiger Literaturwettbewerbe.

Nahid Ensafpour,

eine bilinguale Autorin, Lyrikerin und Übersetzerin, geboren in Teheran, seit 1985 lebt sie in Deutschland/Köln. Sie studierte Neue Deutsche Literatur und Philosophie. Ihre Gedichte wurden in mehrere Sprachen übersetzt und in zahlreichen deutschen und internationalen Anthologien veröffentlicht. Sie ist Mitglied des PEN-Clubs in Österreich.

Dietmar Füssel

Geboren 1958 in Wels/Oberösterreich. Lebt als Schriftsteller und Bibliothekar in Sankt Georgen im Attergau. Zahlreiche Publikationen.

Karin Gayer

wurde 1969 in Mödling geboren. Studium der Psychologie. Ausgebildete Verlagsassistentin und freie Lektorin. Sie lebt und arbeitet in Wien. Veröffentlichungen in Literaturzeitschriften, in Anthologien und im Rundfunk. Arovell Verlag: Flechtwerk, 2002. Erzählung Nachtfieber, 2009. Edition Art Science: Innenaußenwelten, 2013. „Übergangsland", Lyrik; edition sonne und mond, 2023 Weblog: karin-gayer.blogspot.com

Ilse Gerhardt,

ist die Frontfrau der IG Literatur Kärnten und seit einem Jahr Mitglied des PEN CLUB. Schreibt Prosa und Dramatik, Lyrik ist aber eher ihr Fall als Jurorin des Kärntner Lyrikpreises und von „Wortwörtlich", Bleiburg. Beruflich war und ist sie Kulturjournalistin, Publizistin, Herausgeberin, Veranstalterin, Kritikerin, Sängerin und Organisatorin von Kulturreisen.

Christl Greller,

Wien, schreibt Lyrik und Prosa seit 1995. 3 Erzählbände, 1 Roman, 8 Gedichtbände. Zahlreiche weitere Veröffentlichungen. Für ihre Arbeiten erhielt sie eine Reihe z.T. internationaler Preise. Mehr: www.greller. at und Youtube: „das gedicht der woche von christl greller"

Matthias Gruber,

35 Jahre, Sozialarbeiter und zertifizierter Natur- und Wildnistrainer, wohnhaft im Südburgenland, Vater von 2 Kindern. Mehrjähriges Mitglied der Laientheatergruppe „Theater Grenzenlos" und der Kurzfilmgruppe „Little Shots Cinema"; Verfasser von Gedichten, Kurzgeschichten und Liedertexten, div. musikalische Projekte, Obmann einer Foodcoop, langjähriges Mitglied des Kulturvereins KUKUK Bildein, grüner Daumen, DIY, Kuchen backen, Lagerfeuer...

Habalik Irena,

stammt aus Polen, lebt in Wien. Mehrere Gedichtbände, zuletzt „Male dein Schweigen: Gedichte". Ludwigsburg : Pop Verlag, 2021. Näheres unter https://irenahabalik.wordpress.com/.

Hammer Joachim Gunter

Joachim Gunter Hammer, geboren 1950 in Graz, Studium der Naturwissenschaften, dzt. wohnhaft in Heiligenkreuz am Waasen / Steiermark, zahlreiche Veröffentlichungen im Rundfunk, in Zeitschriften und Anthologien des In- und Auslandes (u.a. Jahrbuch der Lyrik, Landvermessung, Lichtungen, Podium, Reibeisen, Revolverrevue). Viele seiner Gedichte wurden in andere Sprachen übersetzt, Auszeichnungen. Bislang sind 27 Gedichtbände erschienen, zuletzt: LARVEN UND VÖGEL, Gedichte, edition keiper, Graz 2020; SINGSANG EINES

NARREN AM HOF DES NICHTS, Gedichte, Verlagshaus Hernals, Wien 2021;
QUANTENSCHÄUME, Gedichte, Verlagshaus Hernals, Wien 2022
GLÜCKES SCHIEFE TÜRME, Gedichte, Verlagshaus Hernals, Wien 2023

Sonja Henisch
ist in Wien geboren und aufgewachsen und hatte schon sehr früh künstlerische
Ambitionen. Nach dem Abschluss des Studiums an der Hochschule für angewandte
Kunst folgten Ausstellungen im In–und Ausland. Kindertheaterstücke gaben den Impuls
zum Schreiben. Auszeichnung im Rahmen von Multikids „Regentrude" nach Th. Storm.
Henisch schreibt Kurzgeschichten und Lyrik. Der Roman „Die Wogen der
Drina" ist 2o12 erschienen. 2o14 folgt „Theodora oder die Quadratur des
Seins", beide Verlag Bibliothek der Provinz. In der Edition sonne und mond
erschienen: „Magie der Spirale" – Gedichte, 2o2o, Bösenstein - Roman 2o22

Eva Jansenberger
Geboren in Leoben, Steiermark. Studium an der Hochschule für angewandte
Kunst in Wien (Visuelle Mediengestaltung), Studium der Medizin und
Philosophie an der Universität Wien sowie an der Akademie der bildenden
Kunst in Wien. Doktorat der Philosophie; Promotion über Ästhetik bei den
Professoren Josef Rhemann und Konrad Paul Liessmann. Sie veröffentlichte
Kurzgeschichten, Lyrik, philosophische Theaterstücke und Kunstvideos.
Ihr zentrales künstlerisches Thema ist der Mensch. Der Großteil ihrer sakralen Gemälde
entstand im Zeitraum von 2005 bis 2010 in der Peterskirche. Sie präsentiert Ihre
Werke seit 1990 in zahlreichen Ausstellungen, Lesungen und Kunstprojekten.

Elisabeth M. Jursa,
lebt in Graz, schreibt Lyrik und Kurzprosa; zahlreiche Publikationen in
Literaturzeitschriften und Anthologien; zuletzt erschienene Bücher: „An der Mauer
unter dem Vordach" Kurzprosa und „An der Seite ein heller Gedanke" Lyrik

Renate Katzer,
geboren im Bregenzerwald, lebhaft in Salzburg, abgeschlossene Berufstätigkeit,
sprachverspielt. Verspürt unbändige Lust am lyrischen Schaffen.
Mitgliedschaft: AKM, PEN, ÖSV, Litges. St. Pölten, Gesellschaft der Lyrikfreunde
Lyrikband: „Ins Wort fallen", Edition Weinviertel 2011; Preisträgerin: 1. Lyrikpreis,
Forum Land Literaturpreis, 2010; Leserpreis der Lyrikfreunde 2015. Zahlreiche
„Erscheinungen" in Anthologien und Literaturzeitschriften; jüngster Erfolg: Aufnahme
in die Anthologie: 100 Jahre Gründung PEN – Club mit dem Gedicht: „krieg – war".

Mario Kern,
St. Pölten, verfasst seit seinem 18. Lebensjahr Gedichte, Essays und
Erzählungen. Mit 21 hatte er sein Lese-Debüt auf einem alten Gehöft in
Norwegen, zahlreiche musikalisch begleitete Lesungen in österreichischen
Konzerthäusern, Kinos, Kirchen, Burgen, Galerien und Museen folgten.
Veröffentlichungen: die Lyrikbände „Traumverwoben" und „Sternenklang und
Erdenwort", zahlreiche Beiträge in Literaturzeitschriften und Anthologien.

Fritz Peter Kirsch,
Professor an der Universität Wien (seit 2004 im Ruhestand), praktiziert
eine Literaturwissenschaft interkultureller Orientierung und betätigt
sich daneben als Dichter, Übersetzer und Romancier.

Simon Konttas,
Autor mehrerer Romane und Lyrikbände; sein Werk wurde mehrfach in
Radio ö1 präsentiert sowie auf Lesungen im In- und Ausland.

Rudolf Krieger

wurde am 10.08.1967 in Eibiswald, Steiermark, geboren. Er besuchte die Ortweinschule in Graz und absolvierte das Studium der Bildhauerei an der Kunstuniversität Linz. Seit 2003 Veröffentlichungen von Hörspielen, Texten und Gedichten. Zahlreiche Lesungen begleiten sein literarisches coming up. 2017: „Safa" - Ufer oder Sprache. 2019: „Teba – Arche oder Wort", edition sonne & mond.

Heinz Kröpfl,

geb. 1968, wohnt in St. Michael in Obersteiermark. Seit 1993 siebzehn Buchveröffentlichungen, zuletzt: „Jagdrausch. (K)ein Kriminalroman" (Salzburg: Verlag Anton Pustet 2022). Zahlreiche Veröffentlichungen in Anthologien, Literaturzeitschriften und Zeitungen. Diverse Auszeichnungen und Stipendien.
https://heinz-kroepfl.jimdofree.com/
https://www.facebook.com/heinz.kroepfl.schriftsteller

Dietmar Koschier:

Geboren 1976 und aufgewachsen im oö/nö Kerngebiet.
Schulabbruch, Depressionen, Abendgymnasium, Lehr- und Wanderjahre.
Lebt und arbeitet seit 2010 in Wien.

Barbara Kuhness

geb. 1987 in Österreich, Kindheit in Graz, ab dem 12. Lebensjahr in Frankreich gelebt (Loire) und im Frühjahr 2021 nach Österreich zurückgekehrt. Hat sich mit Philosophie, Mystik und Gartenarbeit beschäftigt. Seit Jänner 2021 Kunsttherapie-Ausbildung in Wien. Seit März 2019 Praktik und Ausbildung in der japanischen Heilkunst Jin Shin Jyutsu.
Veröffentlichung von Gedichten in Anthologien und Zeitschriften.

Ingonda Lehner,

geb. 1957 in Waizenkirchen, Studium der Malerei und textiles Gestalten, Motive in der Malerei und in der Lyrik: humanitäre und ethische Themen, Themen aus dem Maya-Kalender, Energiebilder...
„Lieder der Nacht und Lieder des Tages" und „Die Nacht ist vorgerückt, der Tag ist nahe..." in der edition sonne und mond

Elmar Mayer-Baldasseroni:

Geboren und aufgewachsen in der Obersteiermark (Jahrgang 1977), interdisziplinäre Promotion in Genetik und Bioethik 2005 (Uni Wien). Laufende literarische Publikationen, u. a. der Debutroman ‚Die Hinrichtung' (Sisyphus, 2013), von FM4 als ‚Buch des Jahres' tituliert. Mitglied der GAV, diverse Stipendien, Artist residencies sowie Ausstellungen als bildender Künstler.

Paweł Markiewicz

(geb.1983) ist Jurist, Germanist und Dichter aus Polen, der insbesondere kurze Traumlyrik mag. Er ließ seine Gedichte auf Deutsch und Englisch in vielen Ländern in Anthologien sowie im Internet veröffentlichen. Pawełs Gedichte wurden in dem Hamburger Radio Tide gelesen, ebenfalls wurde ein Gedicht in Berlin verteilt.

Eva Meloun,

wurde in Wien geboren und wuchs in Oberösterreich auf. Lebt und arbeitet als bildende Künstlerin und Autorin in Wien. Das familiäre kunstinteressierte Umfeld und der Schulweg in das Dorf boten täglich neue Erfahrungen. Ich versuche in meinen Arbeiten die Vielfalt der Natur darzustellen - ihre Symbolik, die bis in den psychologischen Bereich wirkt. Die Begeisterung und das Staunen

über den Reichtum dieser Erde und die Welt der Ideen sind mir seit meiner
Kindheit geblieben. Aufnahme in die Austria Wissensbank. www.meloun.at

Sofie Morin,
geb. 1972 in Wien, Studienabschlüsse Biologie und Philosophie, Gestalttherapeutin,
lebt bei Heidelberg, hält den Dialog zwischen Schreibenden für unverzichtbar.
2022 erschien gemeinsam mit Dorina Marlen Heller „Schwestern im Vers.
Zwiesprachen zwischen Morgen und Frausein." in der Edition Melos, Wien

Ulli Moschen,
geb. in Tirol, lebt in Wien. Multiples Frauenwesen: Anthropologin, Germanistin,
Sozialpädagogin, Körpertherapeutin, Tänzerin, Mutter, Journalistin, Autorin, mit Slaps
– Slam Poetry Raps in „Drachenzeit. Wutgedichte, Mutlieder und Wa(h)lgesänge" höchst
poetisch fluchend, Löcker 2023. Roman: Die Anatomie von Undinen, Löcker 2016.

Robert Müller
Geboren am 2.4.1943 in Wien. Gelernter Eisenwarenhändler, nach der Externisten-
Matura Werbekaufmann und EDV-Sachbearbeiter. 2003 Übersiedlung ins selbst gebaute
Haus im Weinviertel. Seit 2006 Kellergassenführer, 2011 Mag. phil. (Volkskunde).
Schüler von H.C. Artmann, Kalender im Eigenverlag, Beiträge in Lit. Zeitschriften.
Sein zweites Buch „G'mischte Kost für alle Tag" ist Ende Mai 2015 im Pilum-Verlag
erschienen. Sein letztes Buch „Adele erbt ein Schloss" Mai 2020, Morawa.
Mail: mueller.preining@aon.at

Ellen Norten,
geboren 1957 in Gelsenkirchen ist promovierte Biologin. Zunächst freie
Wissenschaftsjournalistin bei verschiedenen Hörfunksendern, dann mehrjährige
Tätigkeit bei der Fernsehsendung „Hobbythek". In dieser Zeit entstanden ein
Dutzend Sachbücher und Ratgeber. Seit 2010 tourt sie mit ihrem Mann Zaubi
M. Saubert im Wohnmobil durch die Welt, schreibt Kurzgeschichten für diverse
Anthologien und Zeitschriften. Außerdem verfasst sie Rezensionen für Kultura-
Extra, beteiligt sich an Poetry-Slams und Science-Slams, arbeitet als Herausgeberin
von humoristischen Science-Fiction Anthologien bei p.machinery. Passend zum
Science-Slam zeichnete und textete sie ihr Buch „Mein süßer Parasit".

Christian Pauli
wurde 1974 in Leibnitz geboren. Er lebt und arbeitet im Süden der Steiermark.
Gründungsmitglied und „Mann für Vieles" in der Edition SonneundMond.
Zu seinen Leidenschaften zählen u.a. Musik, Yoga und Fotografie.

Jonathan Perry,
1993 in Lilienfeld geboren, schreibt seit der Kindheit. Sein Gedichtband („Scherben")
ist zuletzt im Sisyphus - Verlag erschienen. Außerdem Straßenmusiker, Mit einem
Becher Süßholzlikör in der edition sonne und mond, 2019; Oder anderes Glück, 2021.

Brigitte Pixner,
Wienerin, Juristin, verheiratet mit Gottfried Pixner, zwei Kinder. Schreibt
Lyrik, Erzählungen, SF. Sechs Jahre Herausgeberin der Literaturzeitschrift
Bakschisch. Buchpublikationen: Zuletzt „Prost Harry - heitere Erzählungen"
sowie die Gedichtbände: „Plötzlich schmeckt alles nach Wahrheit" als
auch „Unterm grünen Regenschirm", beide bei Berger, Wien-Horn.

Markus Prem,

*1970. Ehem. Vorstandsmitglied der Charles Bukowski-Gesellschaft und Übersetzer des Prologue to Ask the Dust von John Fante ins Deutsche (MaroVerlag 2003). Seit 1995 ein Dutzend Gedichtbände und Chapbooks, zuletzt Durch's wilde Lyrikstan (2020), Flinte ins Korn (2021) und Hinter hohen Mauern (2022), alle bei RUP erschienen. Im ersten Quartal 2024 ist die VÖ des sechsten RUP-Bandes Den Bach runter geplant. www.premarkus.at

Sophie Anna Reyer

ist Lyrikerin, freischaffende Autorin für Kindertheater, promovierte Philosophin und Komponistin klassischer Musik. Sie lebt in Wien.

Birgit Rietzler

aus Vorarlberg, publiziert Lyrik und Prosa im Dialekt und in schriftdeutscher Sprache

Susanne Rödl,

geb. in Wien, schreibt Lyrik und Prosa, beides auch in Mundart. Seit 2014 zahlreiche Lesungen, seit 2019 auch Poetry-Slam-Darbietungen. Buchveröffentlichungen: „Echt Wienerisch - Betrachtungen und Dialoge im Dialekt mit Übersetzung in die österreichische Schriftsprache". Verlag unartproduktion, September 2014; „Was bin ich? - Rätselreise durch die Natur" Verlag mymorawa, Juli 2018; (empfohlen für Kinder ab ca. acht Jahren)

Kaia Rose

hat selten über Langeweile zu klagen, denn als Managerin und vierfache Mutter führt die 1974 geborene Wienerin ein facettenreiches Leben. Ihre vielfältigen Eindrücke und Erfahrungen verarbeitet sie in Lyrik- und Prosawerken, die mehrfach ausgezeichnet wurden. Neben zahlreichen Veröffentlichungen in Anthologien und Literaturzeitschriften stammen die Gedichtbände »Das Lied des Regebogens« und »Schattierungen der Stille« sowie die Schauernovelle »Schlechtes Karma« und die Kriminovelle »In bester Gesellschaft« aus ihrer Feder.

Damir A. Saračevič,

geb. 1975 in Belgrad, aufgewachsen in der schönen Stadt Bijeljina (Bosnien-Herzegowina). Ende 1993, während des schrecklichen Krieges gegen Bosnien-Herzegowina, wurde er aus seiner Heimatstadt vertrieben. Saračevič schloss das Studium der Literaturwissenschaften in Sarajevo ab. Er veröffentlichte drei Gedichtbände und ist in mehreren Anthologien vertreten. Seine einzelne Essays und Gedichte wurden vom Bosnischen ins Deutsche, Englische und Türkische übersetzt. Damir A. Saračevič ist Mitglied des P.E.N.-Clubs Österreich, des AutorInnenkreises Linz, sowie der Gesellschaft der bosnischen SchriftstellerInnen in OÖ. Er lebt mit seiner Familie in Linz, OÖ.

Dorothea Schafranek,

geboren 1938 in Wien, Dekorateurin, seit 1964 selbständige Werbegestalterin. Beginn des Schreibens, Hermann Schürrer veröffentlicht Gedichte in „FREIBORD", schreibt Lyrik und Kurzgeschichten, hat in zahlreichen Anthologien und Zeitschriften Texte veröffentlicht, 1983 Verleihung des Theodor Körner Preises für Literatur. „Hingabe", 2022, Edition sonne und mond, „Spirit" - Gedichte, 2023.

Silke Scheffel,

geb. 1986 in Konstanz, lebt zusammen mit ihrem Mann und zwei Söhnen in München, wo sie als Logopädin und systemische Familienberaterin tätig ist. Neben der therapeutischen Arbeit, versucht sie die Wirkung ihrer Umgebung auf Innerstes und Äußeres lyrisch zu erfassen.

Elisabeth Singh-Noack,

1961 in Hamburg geboren, schreibt seit ihrem 16.Lebensjahr Gedichte, zudem Kurzprosa und Haikus. Sie studierte Indologie, lebte lange in Indien, Portugal und an verschiedenen Orten Deutschlands. Derzeit wohnt sie in Dossenheim und ist Mitglied der Literaturoffensive Heidelberg und der Leselust Heidelberg e.V. Ihre Texte erscheinen in zahlreichen Anthologien, Hörspielen, bei Kunstprojekten und Lesungen. Ihr Buch Lyrik Lunar ist 2020 im Lothar Seidler Verlag, Heidelberg erschienen.

Claudia Inés SOLIS-HAJE.

Geboren: 1963 in Mexiko. Ausbildung: Studium der Literaturwissenschaften/ Lehramt, Universidad Nacional Autónoma de México. Lebensmittelpunkt: seit 1989 Linz. Derzeitiger Beruf: Sprachtrainerin und Literatin. Veröffentlichungen: Auf den Spuren der Fledermaus, Kurzgeschichten, Freya Verlag, 2023, Zersplitterung - Gesichter des Krieges, 2023, Nina Roiter, Quintin und seine Toten - Kurzgeschichten und Gedichte, 2022, Die Autorin verfasst ihre Werke in ihrer Muttersprache. Die Übersetzung erfolgt in enger Zusammenarbeit mit der Autorin Christine Schadenhofer. Claudia Solis Haje. Beethovenstr. 27 4020 Linz E.Mail: claudia.solis-haje@hotmail.com

Sigune Schnabel,

geb. 1981 in Filderstadt, Diplomstudium Literaturübersetzen in Düsseldorf. Zahlreiche Veröffentlichungen in Anthologien und Zeitschriften, z. B. Jahrbuch der Lyrik 2022 und 2023, Seitenstechen, Krautgarten, Sprache im technischen Zeitalter und mosaik. Verschiedene Preise, u. a. Thuner Literaturfestival Literaare und Ulrich-Grasnick-Lyrikpreis 2017, postpoetry-Wettbewerb 2018, Landschreiber-Wettbewerb mit Aufenthalt in Neuharlingersiel sowie Wiener Werkstattpreis 2022. Finalistin beim Lyrikpreis Meran 2022. 2021 erhielt sie ein Merck-Stipendium der Darmstädter Textwerkstatt und 2023 Arbeitsstipendien der Kunststiftung NRW sowie des Ministeriums für Kultur und Wissenschaft des Landes Nordrhein-Westfalen. Einzeltitel zuletzt: Die Zeit hat ihre Farbe verloren, Geest-Verlag, Visbek 2023. Mehr unter www.sigune-schnabel.de.

Ana Schoretits

Geboren in Cogrštof/Zagersdorf, Schriftstellerin, Journalistin, Redakteurin beim ORF Burgenland, Leiterin des Medienbüros der Diözese Eisenstadt Veröffentlichungen in Deutsch und Kroatisch > Gedichte, Kurzprosa, Essay, Dramen Publikationen u.a. bei Tyrolia, lex liszt 12, Lesungen im In- und Ausland, PEN-Club-Mitglied www. ana-buch.com

Karin Schreiber, Herrsching.

Ich schreibe seit einigen Jahren, vorwiegend Lyrik, auch Kurzgeschichten; mache mit großer Freude und schöner Resonanz Lesungen mit Musik.

Karin Seidner,

* in Wien, am 6. 2.1963
freie Schriftstellerin und Performance-Künstlerin, Psychotherapeutin
¼ der literarischen Performance-Gruppe „grauenfruppe" www.grauenfruppe.at
Kreative Schreibkurse www.sprach-raum.at
 zahlreiche Veröffentlichungen im In- und Ausland
Literaturpreise: zuletzt Forum Land Literaturpreis Prosa 2016

Martina Sens,

geboren am 09.10.1964 in Bürstadt, Hessen. Studium an der Universität Mannheim (Germanistik, Soziologie, Pädagogik). Mittlerweile Heilpraktikerin, Wirbelsäulentherapeutin nach Dorn- und Breuß, Mutter und Autorin. Lebt seit 1991 in Österreich, seit 1992 in Pramet. Schreibt um zu überleben. Martina.Sens@gmx.net / www.martina-sens.net

Peter Sonnbichler

In den Bergen geboren. In den Hügeln aufgewachsen mit Geschwistern und Tieren. Getragen von der Welle der sechziger und siebziger Jahre. Fernweh und Heimweh. Deutsch und Englisch als Studium und Beruf. Familie und Garten. Und Schreiben natürlich. „Wirf deine Krücke ins Abendrot", 2020 edition sonne und mond. „Wir Schurken", 2o22. „Die Freude am Wachsen des Grases" – Lyrik, 2023

Manfred Stangl,

geb. 1959 in Graz; Absolvent der Ther. MilAk. Später abgebrochene Studien der Philosophie, Germanistik, Psychologie; Tätigkeiten als Journalist. Als Brotberuf Aufseher im MAK, wo er in der Stille begriff, dass das Denken nicht zum Erkennen der Wahrheit führt. Es folgten Jahre der Meditation und schließlich die Heimkehr in Gott (Unio Mystica). Mehrere Gedichtbände; zuletzt: „Gesänge der Gräser" edition sonne und mond. „Zehntausendundacht – eine Prophezeiung vom Untergang der Menschen", 2021. Seit 2o14 Herausgeber des Pappelblattes - Zeitschrift für Literatur, Menschenrechte und Spiritualität. Seit 2o18 P.E.N.-Clubmitglied. Lebt jetzt in Wien und dem Südburgenland. 2o2o erschien die „Ästhetik der Ganzheit".. "Seliger – ganzheitlicher Entwicklungsroman", 2023.

Lieselotte Stiegler,

geboren 1950, lebt in Wien und Kerala/Indien. Schreibt Lyrik, Kurzprosa. Veröffentlicht in Antologien: „Podium" Wien, „Lichtungen" Zeitschrift für Literatur und Zeitkritik Graz „Entladungen" Literaturzeitschrift der Arbeitsgemeinschaft Autoren in Wien „Die Kunst der Flucht" – Steirische Verlagsgesellschaft
„Zwischen Zeit und Raum" Lyrik United p.c. Verlag
„Meine Sehnsucht wandert mit dem Sand" Lyrik – Edition Sonne und Mond

Gertraud Steiner

hat Germanistik, Kunstgeschichte und Publizistik studiert. Ihre Publikationsliste ist lang und umfangreich. Im Lungau gebürtig, ist sie beruflich in Salzburg verortet, wo sie Themen mit Regionalbezug in unterschiedlichen Medien bearbeitet und veröffentlicht hat. Einiges ist zu Sagen und Mythen entstanden. Andere Bücher sind historisch ausgerichtet. Von 1984 bis 1995 war sie Lehrbeauftragte an der Universität Salzburg, Institut für Germanistik, wo sie mittelalterliche Literatur und Deutsch als Fremdsprache unterrichtet hat. Über ihre Publikationstätigkeit in der Sparte Unternehmenskommunikation ergab sich eine Lehrverpflichtung am Institut für Kommunikationswissenschaften Salzburg. Daraus entstand in der Nachfolge ein vielbeachtetes Unternehmensbuch sowie Aufträge für Ortschroniken. Seit 1998 konstant Lektorate und eigene Publikationen für die Verlage Anton Pustet und Wolfgang Pfeifenberger.

Eva Surma.

Gebürtige Grazerin, lebt und arbeitet in Leibnitz, schreibt am liebsten anderswo. Gedichte, Kurzgeschichten, Leserinnenbriefe, Sachverhaltsdarstellungen, Gedächtnisprotokolle, Eva Surma ist langjähriges Mitglied des Lebringer Literaturkreises, der IGfem – Feministische Autorinnen, dort am liebsten in der Montagsschreibgruppe. Im österreichischen PEN gehört sie der Gruppe literatur*grenzenlos an und veröffentlicht in Anthologien, Jahrbüchern und Zeitungen. Als Grenzgängerin schmückt sie sich gern mit kleinen aber feinen Poetik-Preisen, zuletzt 2022 Un Monte di Poesia, Firenze Alfieri „Premio Oltre Confine", davor 2019 SIPAR in Draga, Kroatien.

Kurt F. Svatek
Der Schulrat und pensionierte Pädagoge hat bisher Gedichtbände, Aphorismen, Essays, Kurzgeschichten, Haiku und zwei Romane veröffentlicht. Er verfasste auch mehrere Artikel über Aspekte der Philologie und ein Lehrbuch. Seine Werke wurden in zahlreichen Magazinen veröffentlicht, in verschiedenste Sprachen übersetzt und brachten ihm auch eine stattliche Anzahl an Auszeichnungen ein. Kurt F. Svatek ist Vizepräsident der Plattform Bibliotheksinitiativen Wien und war über zwei Jahrzehnte Vorstandsmitglied des Niederösterreichischen und Österreichischen P.E.N.-Clubs, etwa als Schatzmeister und Vizepräsident. Er ist auch Vorstandsmitglied von The Cove/Rincón in Miami.

Claudia Taller
www.claudia-taller.at
1978-2011: Psychologin (Land OÖ); ab 2012: Schriftstellerin & Radiomacherin
Aktuelle Bücher: Liebe – Ein Trauma geht seinen Weg; Ich erinnere dich nicht
Publikationen in Literaturzeitschriften

Ralph Valenteano,
1965 geborener Poet, Autor, Seelencoach und Musiker. Aufgrund meiner Nähe zum Sufismus verbinde ich die orientalische Welt mit der westlichen Welt. Auf meinen Produktionen arbeite ich viel mit Künstlern aus Nordafrika, so wie mit im Westen bekannten Musikergrößen. Mein Wunsch ist es, die Schönheit der Dinge herauszuarbeiten, in der Musik als auch im Menschen in den Seelen. Aktuelle Alben: Arabiskan (bisher nur in Kairo veröffentlicht), Amenti Songs of Healing and Dance.

Philipp von Bose,
geboren am 30.03.1999 in München und wohnhaft in Zorneding.
Dort lebt er und widmet sich der Sprache und ihren Feinheiten. Ganz besonders interessieren ihn dabei philosophische Konzepte und psychologische Archetypen. Herr von Bose tat weiterhin auch einige andere Veröffentlichungen („Obskura", „Edition Federleicht Schreibtisch", „FreiVers" und andere digitale Plattformen) Aktuell arbeitet er als Kinderpfleger, doch verfolgt die schriftstellerische Unabhängigkeit.

Carmen Wagner,
geboren in Wien als „klassische Wienerin": Familie teils aus
Tschechien, teils aus dem Slowenisch-Italienischen Raum.
Ausbildung an der HBLVA für Textilindustrie zur Textildesignerin; Schauspielschule; Unistudium in Theaterwissenschaften, Kunstgeschichte und Germanistik;
Seminare an der AK d. bild. Künste Wien, bei Prof Josef Mikl. Weiteres Studium bei Prof. Heimo Kuchling. Theaterrollen u.a. am Theater d. Jugend und Wiener Kammerspiele..... Ab 2000 Ausstellungen im In- und Ausland, z.b. in BRD, NL, I,.... ein Gedichtband erscheint noch im Frühjahr in der edition sonne und mond
www.carmen-wagner.com

Ilona Daniela Weigel-Benning,
* Juni 1982 in Böblingen, Studium der Rechtswissenschaft in Tübingen, Umschulung zur Präsenzkraft für Demente, Ausbildung zur examinierten Pflegefachkraft, Fort- und Weiterbildungen in der Pflege, nach Krankheit und Neuorientierung Medizinprodukteberaterin
Mitglied im Bundesverband junger Autoren und in der IGdA e.V., 1jähriger Fernlehrgang „Das lyrische Schreiben", diverse Gedichtveröffentlichungen seit 2005 u.a. in der Driesch, etcetera, Pappelblatt, bei Lumen, Balthasar, wort&mensch und der Bibliothek deutschsprachiger Gedichte

Interessen: Lyrik/Weltliteratur/Fachliteratur, Malerei, Musik, Tanz, Sprachen, Theater, Konzerte, „Dada" und vieles mehr, aktiv in freier christlicher Gemeinde

Sophia Magdalena Wichelhaus
lebt mit mehreren afrikanischen Riesenschnecken, Pflanzen und Teebeuteln in Wien, wo sie seit hunderten von Jahren studiert (und arbeitet). Sie geht auf lange Spaziergänge und hasst Textkorrekturen, dazwischen gibt es viel Lustiges wie Trauriges und genug Gründe, (weiter) zu schreiben.

From PAIN to PAINT:
Die BINDU-ART-SCHOOL ist eine ungewöhnliche Kunstinitiative für, mit Lepra infizierte Menschen, die vom österreichischen Multimediakünstler und Kurator Werner Dornik, und der Sozialaktivistin Padma Venkataraman (Tochter des früheren Staatspräsidenten R. Venkataraman) im Februar 2005 in Südindien gegründet wurde. www.bindu-art.at Mit Hilfe ihrer künstlerischen Qualitäten schaffen sich die „Unberührbaren" einen neuen Weg des Lebens, der sie fern von Charity aus dem sozialen Stigma und der Abhängigkeit von Almosen führt.

Christian Wolf,
geboren 1996 in Kärnten, besuchte das Musikgymnasium Viktring und studiert seit 2014 Philosophie und Literaturwissenschaft an der Universität Wien. Neben Veröffentlichungen in Anthologien und Literaturzeitschriften tritt er mit der Gruppe „Gedankenklang" gemeinsam mit der Musik von David Hättich und den Fotografien und Illustrationen von Verena Steinwider auf. 2019 gewann er den Wiener Werkstattpreis Sonderpreis. 2021 erschien Bewusstseinsinseln, in der edition sonne und mond 2023 der Gedichtband: „Die Sinnspur spüren". Mail: echriwo@gmail.com Homepage: https://echriwo.wixsite.com/christianwolf/

Waltraud Zechmeister
wird am 9.5.1958 in Wien geboren. Sie studiert Germanistik und Romanistik und unterrichtet am BORG 1. Daneben widmet sie sich der Dichtung. Ab 2010 publiziert sie in Literaturzeitschriften, 3 Anthologien (2 Lyrik und Prosa) folgen 2015, 2016 und 2021.

Tanja Zimmermann:
Geb.1975 in Graz, lebt im Südburgenland, Sozialpädagogin/ Flüchtlingsbetreuung/ div. Integrationsprojekte, sozialkreative Projekte; Lebendigkeit, Wildheit, Ursprünglichkeit. Ruhe und Kraft durch und in der Natur.

Inhalt

Dunkelblau

„Ästhetik der Ganzheit"
Manfred Stangl

O bwohl Stangl überall das Positive vertritt, provoziert er den dogmatischen Vernünftler mit echtem Schwung und lässt so auch den Liebhaber der Satire manchmal hell auflachen. Man hat das Manifest von O. Wiener, des Kopfes der Wiener Gruppe, einst ein „Kultbuch" genannt. Mit mehr Recht könnte man der „Ästhetik der Ganzheit" von Manfred Stangl dieses Prädikat verleihen, denn Stangls Gedanken sind weiter und kohärenter ausgespannt als die des wissenschaftsgäubigen Oswald Wiener.
Martin Luksan

edition sonne und mond,
ISBN: 978-3-9504897-2-9
2020, 416 S., 18,90 Euro

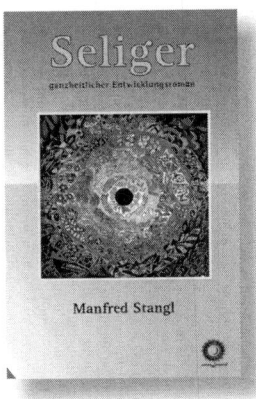

Seliger
ganzheitlicher Entwicklungsroman
Manfred Stangl

S tangl beschreibt in Seliger Teile seines Lebens, als ob er mit den Fingerkuppen die Rillen einer Baumrinde nachfahren würde...
Peter Sonnbichler

Ein ganzheitlicher Entwicklungsroman, wie er in der (post-)modernen Literatur völlig neu und unbekannt ist.

edition sonne und mond, 2023, 256 Seiten,
ISBN: 978-3-903492-04-2, 14,40 Euro

PAPPELBLATT

ZEITSCHRIFT FÜR LITERATUR, MENSCHENRECHTE UND SPIRITUALITÄT

Erste ganzheitliche Literaturzeitschrift

modernekritisch, empathisch, intuitiv und schön

3 Ausgaben/Jahr: Einzelheft 6,30 Euro
Abo: 18,– Euro, EU-Auslandsabo: 25,– Euro

zu bestellen unter:
bestellungen@sonneundmond.at
oder Tel.: +43 (0)699-11446340

www.pappelblatt.com